처음 시작하는
열대어기르기
HOW TO KEEP
TROPICAL FISHES AND AQUATIC PLANTS

처음 시작하는
열대어기르기
HOW TO KEEP TROPICAL FISHES AND AQUATIC PLANTS

코랄피시 편집부 엮음

황세정 옮김

Green Home

Small fishes
that's swimming in a living room

거실에 푸른 물이 넘실거리고
작은 생물이 살아 숨쉬는 것만으로도
하루하루가 더욱 즐거워진다.

다른 모습을 보여주는 작은 물고기는
당신이 관심을 쏟을수록
한층 아름다워지고
더욱 활기차게 헤엄칠 것이다.

물론 꾸준히 관심을 갖고 보살펴야 하지만
작은 노력과 대화만으로도
물고기는 우리에게 커다란 활력과
휴식을 선사한다.

Small fishes
that's swimming in a living room

간단한 도구만으로 쉽게 기를 수 있는 물고기도 있지만
전문적인 장비를 갖추면
좀 더 깊은 매력을 느낄 수 있다.

수조와 주변 도구의 사용법을 익히고
물고기와 수초, 수질에 대해 배우면
물고기를 더욱 잘 키울 수 있다.

수조라는 제한된 공간 속에
하나의 세계를 창조하는 것.

그 즐거움을 깨닫고 나면
열대어를 키우는 취미가
매우 의미 있는 일로 다가올 것이다.

CONTENTS

SECTION

QUESTION & ANSWER
「기르고 싶지만 조금 망설여지는」 사람에게
기르기 전의 불안,
이것으로 완벽하게 해결한다!
012

SECTION

BASIC TECHNIQUE FOR KEEPING TROPICAL FISHES
사진과 일러스트로 배우는
열대어를 잘 기르기 위한 기본적인 노하우
40㎝ 수조에서 구피 기르기
028

- 01 수조사육 개론
- 02 이것만은 먼저 생각하자
- 03 매우 중요한 열대어샵 선택법
- 04 수조 크기 결정하기
- 05 꼭 필요한 수조용품과 크기
- 06 있으면 편리한 수조용품
- 07 선택한 기구의 포인트
- 08 수조 설치
- 09 여과의 기본
- 10 물리적 여과와 생물학적 여과
- 11 여과장치의 메커니즘
- 12 히터와 쿨러의 메커니즘

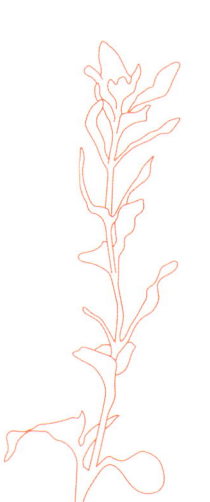

13 원산지를 알고 열대어 기르기에 활용하자	20 어떤 먹이를 주어야 할까?
14 수초 심는 법_ 기초편	21 먹이의 양과 주는 시간
15 물고기 고르는 법	22 먹이 주는 시간은 열대어 체크타임
16 물고기 운반하는 법	23 중요한 관리와 물갈이
17 온도맞댐과 물맞댐	24 pH에 대해 알아보자
18 물맞댐 순서와 수조에 넣기	25 시스템을 강화하고 물고기를 늘리자
19 물고기를 관찰하자	26 시간이 지나면 수조가 점차 안정된다

SECTION

10 TYPICAL SMALL TANKS TO ENJOY YOUR AQUARIUM LIFE

유형별 수조 사육
실천편

102

01 수초 수조 1_ 60cm 수조에서 즐기는 첫 번째 수초 수조
02 수초 수조 2_ 저렴한 이산화탄소 발생기를 사용한 수초 수조
03 수초 수조 3_ 소형 수조에 소형 봄베로 CO_2 첨가
04 수초 수조 4_ 사 온 그대로 꾸미는 간편한 수초 수조
05 수초 수조 5_ 60cm 수조에서 본격적으로 즐기는 수초와 엔젤피시
06 수초 수조 6_ 투명한 아름다움, 아프리칸 시클리드의 매력
07 레드비슈림프 수조 _ 소형 큐브에 레드비슈림프를 키워보자
08 베타 수조_ 손바닥 크기 수조에서 베타의 플레어링을 감상한다
09 테라리움_ 물속과 육지의 경치를 함께 즐길 수 있는 시원한 테라리움
10 해수어 수조_ 열대어 기르기 다음으로 해수어에 도전해보면 어떨까?

SECTION

TROPICAL FISH CATALOGUE

이것만 알아두면 문제없다

초보자를 위한 기르고 싶은
열대어 도감

150

- 카라신과
- 잉어과
- 송사리과
- 시클리드과
- 아나바스·스네이크헤드 종류
- 메기·미꾸라지 종류
- 레인보피시·복어 종류
- 고대어 종류

SECTION

AQUATIC PLANTS LAYOUT REFORM BEFORE AND AFTER

방치된 수초 레이아웃을
텟짱선생이 리폼한다!

수초 레이아웃
Before and After

180

SECTION

BASIC ITEMS FOR KEEPING TROPICAL FISHES
제대로 고르면 오래 쓸 수 있는
대표적인 사육용품 카탈로그
202

- 수조
- 수조 세트
- 수조 받침대
- 여과기
- 조명
- 바닥재
- 여과재·활성탄·흡착재
- 에어레이션·수중펌프
- 사료
- 히터
- 팬
- 쿨러
- 격리상자·산란상자
- 박테리아
- 약
- 수질조정제
- 테스터
- CO_2 발생기
- 비료
- 청소·관리
- 기타

열대어 기본용어
232

SECTION

QUESTION & ANSWER

SECTION

「기르고 싶지만 조금 망설여지는」 사람에게
기르기 전의 불안, 이것으로 완벽하게 해결한다!

―

열대어 기르기에 관심이 있지만, 아직 결정하지 못했다…….
누구나 한번쯤 느껴봤을 갖가지 불안에 대해
열대어 전문점 펭귄빌리지에 물어보았다.

취재협력

펭귄빌리지 본점
통유리로 둘러싸여 거대한 수조를 연상시키는 상점. 수조에 일렁이는 「따뜻한 빛」과 「물을 바라보는 시간」을 주제로, 자연 생태계에 가까운 환경을 제안하는 열대어 전문점이다.

우편번호 177-0045
도쿄도[東京都] 네리마구[練馬区] 샤쿠지다이[石神井台] 6-19-2
TEL 03-3922-2456
영업시간 11:00~20:00
수요일 정기휴무(공휴일인 경우에는 다음날)

QUESTION 01 수조에 물을 부으면 무게가 얼마나 나갈까?

60cm 수조를 가득 채우면
성인 남성의 몸무게인
약 70kg이 된다.

빈 수조는 가볍게 들어서 옮길 수 있지만, 물을 가득 채우면 무게가 많이 나간다. 일반적으로 많이 사용하는 60cm 수조(가로 60 × 세로 30 × 높이 36cm)는 물의 양만 약 55ℓ(55kg)인데다, 수조 안에 바닥모래를 깔고 조명기구와 여과기를 설치하면 총 무게가 약 70kg이 된다. 90cm 수조는 무려 200kg이나 나간다. 그래서 수조를 설치할 때는 이만큼의 무게를 견딜 수 있는 받침대가 필요하다.

사람이 앉기만 해도 쉽게 흔들리는 받침대나 공간박스 위에 올려두면 안 된다. 철재나 목재로 만든 조립식 선반도 당연히 피해야 한다. 얼핏 튼튼해 보이는 오디오랙도 불안한 것은 마찬가지다. 받침대가 무게를 견디지 못하고 기울거나 휘면 수조에 금이 가거나 물이 새는 원인이 되기 때문이다.

"가구나 신발장 위에 놓으면 문이 열리지 않게 되거나, 방습성과 내수성이 약한 합판이 부식될 수도 있습니다. 오디오랙 중에는 하중을 견디는 힘이 200kg 이상인 것도 있지만, 수조는 AV기기와 하중 분포가 다르므로 안전하다고 장담할 수 없습니다. 또한 돌출된 창가에 올려놓는 것도 말리고 싶습니다. 콘크리트 등으로 보강했다면 그나마 낫지만, 나무판을 걸쳐놓은 정도라면 당연히 위험합니다."

수조 중에는 파손에 대비한 보증서가 있는 제품도 있지만, 대부분의 경우에 수조용 받침대를 사용해야 한다는 조건이 따른다. 역시 가장 좋은 방법은 수조용 받침대를 마련하는 것이다.

> **QUESTION 02** 만약 수조의 물이 새면 어떻게 해야 할까?

A
걱정된다면
「개인배상책임보험」에
가입한다.

수조가 깨지거나 넘어지거나 양동이를 쓰러뜨리는 등 어떤 이유에서든 바닥에 물이 쏟아지면 어떡하나……. 아파트나 빌라에 사는 사람이라면 아랫집에 물이 새지는 않을까 걱정될 것이다. 60㎝ 수조가 깨질 경우에 18ℓ 짜리 생수통 3개 분량이 넘는 물이 쏟아지므로, 대형 수조를 가지고 있는 사람은 수조를 설치할 장소를 고려해야 할 뿐만 아니라 만일의 사태에도 대비해야 한다. 이를 위해 「개인배상책임보험」에 가입하는 것도 좋은 방법이다.

이 보험은 타인에게 손해를 끼쳤을 때 이를 보상할 수 있도록 보험금이 지급된다. 세탁기의 배수호스가 빠지거나 수조의 물이 넘쳐서 아랫집이 침수 피해를 입었을 때에도 적용된다. 단독으로 가입하거나 화재보험, 자동차보험, 상해보험 등에 특약으로 넣을 수도 있다. 또한 아파트관리사무소가 계약하는 보험은 개인배상책임보험이 포함되어 있는 경우가 많으므로 한번 확인해보는 것이 좋다(상기 내용은 보험사와 보험상품에 따라 다를 수 있으므로 직접 확인하는 것이 좋다).

QUESTION 03 수조의 물에서 냄새가 나거나 물이 썩지는 않을까?

A 관리를 게을리하지 않으면 문제 없다.

냄새가 전혀 없는 것은 아니고, 수조에 코를 가까이 댔을 때 사육수 냄새가 약간 나는 정도이다. 개나 고양이를 키우는 것과 비교하면 열대어는 냄새가 거의 나지 않는 편이라고 할 수 있다. 흔히 말하는 「물고기 비린내」도 크게 신경 쓰지 않아도 된다.

하지만 이것은 어디까지나 관리를 철저하게 했을 경우다. 물을 갈아주지 않으면 점차 오염되기 마련이다. 오염된 물을 방치하면, 아무리 냄새가 많이 나지 않는 열대어라고 해도 악취가 날 수밖에 없다. 따라서 정기적으로 관리를 해주는 것이 중요하다.

"물에서 악취가 나는 데는 반드시 이유가 있습니다. 여과가 제대로 되지 않았을 수도 있고, 생사료를 너무 많이 주었을 수도 있지요. 혹은 먹고 남은 사료나 죽은 물고기를 방치한 것이 원인일 수도 있습니다. 이럴 때는 사육방식이나 기구의 상태를 점검해야 합니다. 원인을 제거하면 냄새 때문에 고민할 일이 더 이상 없을 겁니다."

SECTION 1

QUESTION 04 열대어와 해수어는 어떻게 다른가?

A 열대어는 주로 담수에 서식한다.

열대어는 열대·아열대의 담수(염분이 들어 있지 않은 강이나 호수, 늪, 연못)에 사는 물고기로, 「담수어(민물고기)」라고도 부른다. 열대어는 종류가 매우 다양하며 크게 카라신과(네온 테트라 등), 송사리과(구피 등), 시클리드과(디스커스, 엔젤피시 등), 아나바스과(베타, 구라미 등)와 같은 그룹으로 분류된다. 또한 초록복어처럼 담수와 해수가 섞이는 하구에 사는 「기수어(汽水漁)」와 수천 년 전부터 이어받은 형질을 대부분 간직하고 있는 「고대어」도 열대어로 널리 알려져 있다.

한편 해수어는 같은 열대산 물고기이지만, 담수어와 달리 해수역에 서식하는 물고기를 가리킨다. 담수어와 해수어는 언뜻 비슷해 보이지만 담수어는 민물에서, 해수어는 인공 해수에서 길러야 하므로 한 수조 안에서 함께 기를 수 없다.

QUESTION
05 초보자도 기르기 쉬운 물고기가 있을까?

A

구피, 네온 테트라, 플래티 등이 인기를 끌고 있지만…….

구피, 네온 테트라, 카디날 테트라, 구라미, 엔젤피시, 코리도라스 등은 적응성이 뛰어나다. 수질관리가 어렵지 않아서 초보자도 쉽게 키울 수 있다고 알려져 있다. 네온 테트라나 구피는 60㎝ 수조(여과기 크기에 따라 차이가 날 수 있다)에 50~60마리를 키울 수 있다.

"물고기를 50마리 정도 키울 때, 다섯 종류의 물고기를 10마리씩 키우는 것보다 같은 종류의 물고기를 많이 키우는 것이 더욱 아름다워 보입니다. 옷 한 벌을 디자인할 때도 일곱 가지 색상을 7등분하는 것보다 비슷한 계열의 색상으로 통일하는 편이 훨씬 차분해 보이지 않습니까? 이와 비슷합니다."

물론 열대어는 튼튼하고 기르기 쉬운 것을 최우선으로 선택해야 한다. 금세 죽어버린다면 물고기에게나 주인에게나 참으로 안타까울 것이다. 하지만 「기르기 쉬운 물고기」와 「기르고 싶은 물고기」가 일치하지 않는 경우가 생길 수도 있다. 그래서 필요한 기구를 구입하기 전에 미리 「이런 물고기를 기르고 싶다」라고 구체적인 이미지를 정해놓는 것이 좋다.

"개를 기를 때 「골든리트리버를 키우고 싶었지만 관리하기 쉬운 믹스견을 택했다」거나 「개집은 이미 샀지만 어떤 개를 키울지 아직 결정하지 못했다」고 말하는 사람은 아마 없을 겁니다. (웃음) 열대어도 마찬가지입니다. 우선 마음에 드는 물고기를 고른 다음 샵에서 상담을 받는 것이 어떨까요?"

QUESTION 06 열대어가 아프면 어디에서 진찰을 받아야 할까?

우선 열대어 전문점을
찾아가서
상담해보자.

일단 병에 걸리면 완치하기가 쉽지 않다. 따라서 수조를 철저하게 관리하여 질병을 미리 예방하는 것이 매우 중요하다. 하지만 만약 병에 걸리면 어디를 찾아가야 할까?

집 근처에 열대어를 진료하는 동물병원이 없다면 열대어 전문점을 찾아가서 상담해보자. 증상에 따라 필요한 약품과 치료방법을 알려줄 것이다.

"샵에 물고기를 가져갈 필요는 없지만, 대신에 휴대전화나 디지털카메라로 사진을 찍어 가면 증상을 설명할 때 도움이 됩니다. 또한 「표면에 하얀 점이 생겼다」, 「솜을 뒤집어쓴 것처럼 보인다」, 「피가 번져 있다」 등의 특별한 증상이 나타나지는 않지만 물고기의 상태가 좋지 않을 때는 수조의 수질 상태가 악화되었을 가능성도 있습니다. 수질검사기를 사용해 수온, pH(페하 / 액체의 수소이온농도. 열대어는 대부분 약산성을 좋아한다), 아질산염(암모니아를 분해하는 과정에서 발생하는 물질)을 측정해 두는 것이 좋습니다."

QUESTION 07
담배, 훈연살충제, 모기향의 연기가 물고기에게 해로울까?

A 사용할 때는 수조를 다른 장소로 옮긴다.

담배연기에 들어 있는 니코틴은 물에 녹기 쉽다고 알려져 있으므로, 담배는 수조에서 되도록 멀리 떨어진 곳에서 환기를 시키면서 피우자. 일반 모기향이나 액체 모기향에 대해서는 의견이 다양하다. 물에 녹기 쉬운 수용성 제품도 있는 반면 「반려동물용」이라고 표시된 제품도 있으므로 사용하기 전에 제조사에 직접 문의하는 것이 좋다.

훈연살충제를 사용할 때는 수조를 다른 장소에 옮겨 놓는다(사용상 주의사항에 「관상용 물고기 등은 실외로 옮기시오」라고 표시되어 있는 제품도 있다). 수조를 도저히 옮길 수 없는 경우에는 훈연살충제의 연기가 열대어에게 닿지 않도록 충분히 대비한다.

"수조에 대형 쓰레기 봉투를 덮어씌운 다음, 살충성분이 수조에 스며들지 않도록 에어펌프를 끄고 열기가 몰리지 않도록 조명을 끕니다. 그리고 봉투 둘레를 검테이프(물테이프라고도 한다) 등으로 빈 틈없이 감쌉니다. 이렇게 하면 문제를 어느 정도 예방할 수 있습니다."

QUESTION

08 유지비는 한달에 얼마나 들까?

 60㎝ 수조라면
1~2만원 정도가 든다.

단, 히터나 여과기, 조명에 필요한 전기세는
누진세가 적용되므로 가정마다 차이가 날 수 있다

「열대어 기르기는 돈이 많이 드는 취미다」라고 생각하는 사람도 있을 것이다. 물론 반려동물을 기를 때는 어느 정도 지출을 각오해야 한다. 하지만 60㎝ 수조에 소형 열대어를 키우는 정도라면 전기요금, 수도요금, 사료비용 등을 모두 합해도 한달 유지비가 1~2만원 정도일 것이다. 처음에 각종 기구를 한꺼번에 구입하면 자주 교체할 필요도 없다.

"사료비용은 크게 신경 쓰지 않아도 됩니다. 매우 특이한 물고기를 기르지 않는 이상 다른 반려동물에 비해 훨씬 저렴할 겁니다. 60㎝ 수조에 네온 테트라를 50~60마리 기른다고 했을 때 50g 사료를 하나 사서 두세 달 정도 먹일 수 있거든요."

QUESTION

09 열대어는 수명이 얼마나 될까? 오래 살 수 있을까?

A

카라신은 3~5년,
구피는 1년~1년 반
정도이다.

열대어의 수명은 종류에 따라 다르므로 일반화하여 대답할 수 없다.

대형 열대어 중에는 10년 이상 사는 물고기도 있지만, 4~5㎝의 소형 열대어는 수명이 비교적 짧다. 카라신(네온 테트라 등)은 평균 3~5년 정도이며, 구피는 1년~1년 반 정도로 그보다 짧다.

물고기를 기르기 시작하자마자 죽는 것은 수명보다 환경변화의 영향이 크다. 열대어를 오래 기르고 싶다면 건강하게 오래 살 수 있는 환경을 만들어주는 것이 중요하다.

"수조 환경만 좋으면 오히려 자연에서 살아가는 물고기들보다 오래 살 수도 있다고 합니다."

또한, 수조에 넣을 때는 작았지만 시간이 지나면서 10㎝ 이상으로 자라는 물고기도 있다. 열대어를 구입하기 전에 수명이 어느 정도인지, 다 자라면 어느 정도까지 커지는지 미리 알아두는 것이 좋다.

QUESTION 10 어린이도 쉽게 돌볼 수 있을까?

아이에게 전부
맡기는 것보다,
온 가족이 함께
돌보는 것이 좋다.

열대어를 돌보는 일은 그리 어렵지 않다. 하지만 열대어를 기르고 싶어하는 아이에게 「기르는 건 좋지만 그 대신 네가 보살펴야 한다. 알았지?」라고 하는 건 조금 무책임한 행동이다.

반려동물을 기를 때는 「왜 그렇게 해야 할까?」, 「왜 저러는 걸까?」를 파악할 수 있는 종합적인 이해력이 필요하다. 「물고기가 먹이를 잘 먹지 않는다. → 사료를 먹으라고 더 많이 준다. → 그 결과 수질이 악화된다. → 물고기의 상태가 더 나빠진다. → 먹이를 전혀 먹지 않게 된다.」 아이들이 흔히 이 같은 실수를 저지르는 것도 거기까지는 미처 생각하지 못하기 때문이다.

"기구의 설명서를 보고 내용을 이해할 수 있는 나이가 아니라면 혼자서 열대어를 돌보기는 힘들 겁니다."

열대어도 가족의 일원이다. 「먹이를 주거나 조명을 켜는 건 아이들이, 물을 갈 때 무거운 양동이를 옮기는 건 아빠가」라는 식으로 각자의 역할을 정한 뒤 온 가족이 함께 돌보면 어떨까?

QUESTION

11 인터넷으로도
열대어나 필요한 기구를 살 수 있을까?

A

제대로 배우기 전까지는
자제하는 편이…….

물론 인터넷 쇼핑몰에서도 열대어를 구입할 수 있다.

집 근처에 열대어 전문점이 없거나, 기르고 싶은 열대어를 좀처럼 구할 수 없는 경우에는 인터넷 쇼핑을 유용하게 활용할 수 있다. 단, 열대어 기르기에 대한 노하우를 어느 정도 배운 다음에 도전하는 것이 바람직하다.

"열대어에 대한 지식이 없어도 관련 기구는 「지금 사용 중인 것과 똑같은 제품」을 인터넷으로 주문할 수 있지만, 물고기는 그럴 수가 없지요. 운송 중에 물고기의 상태가 나빠질 수 있으므로, 격리수조를 갖추었거나 어떤 상태의 물고기가 오더라도 스스로 대처할 수 있을 만큼 풍부한 경험을 쌓은 사람만이 안심할 수 있을 겁니다."

QUESTION

12

여행 등으로 집을 비울 때
먹이를 주지 않아도 괜찮을까?

A

2~3일
정도는
문제없다.

2~3일 정도 집을 비우는 동안에는 먹이를 주지 않아도 크게 걱정할 필요가 없다.

오히려「여행 중에는 먹이를 주지 못하니까」라며 평소보다 먹이를 잔뜩 주고 가버리면 수질이 나빠져 역효과를 불러올 수 있다. 보통 일주일 정도는 굶어도 죽지 않지만, 그래도 걱정된다면 매일 정해진 시간에 사료를 투입하는 자동급여기나 여행용 사료 등을 이용하는 것이 좋다. 조명도 오래 켜두면 이끼가 생길 수 있으므로 타이머를 설치하는 것이 편리하다. 외출 전에는 물을 새로 갈아주는 것이 좋다.

"여름철에는 먹이나 조명뿐만 아니라 기온에도 주의해야 합니다. 밀폐된 방은 한여름에 실내온도가 40℃까지 올라갑니다. 수온이 올라가면 약한 물고기나 새우 등이 죽을 수도 있습니다. 집에 돌아왔더니 전부 죽어 있더라…… 같은 상황이 발생하지 않도록 더위에 대비하는 것이 중요합니다. 외출할 때는 적정온도에서 에어컨이 자동으로 작동하도록 설정해두는 것이 좋습니다."

QUESTION

13 여름철 더위와 겨울철 추위는 어떻게 대비할까?

 수온은 26℃ 전후로 유지하는 것이 좋다.

열대어가 쾌적하게 살아가기 위해서는 수온을 항상 26℃ 전후로 유지해야 한다. 겨울철에는 히터만 틀어두면 큰 문제가 없다. 서모스탯(thermostat), 즉 자동온도조절기가 있으면 수온 관리는 별로 어렵지 않다(서모스탯이 달린 히터도 있다). 단, 공기가 건조해지면 수분이 증발하므로 수량을 수시로 확인하여 부족한 물을 보충해야 한다.

또한, 열대지역이나 아열대지역에 서식하는 물고기라고 해서 더위에 무조건 강한 것은 아니다. 한여름에 수온이 지나치게 상승할 것 같으면 수조용 냉각팬이나 쿨러를 설치해서 수온을 낮춰주어야 한다. 수면에 바람을 일으켜 물을 기화시키는 종류는 수분을 그만큼 증발시키므로 가끔씩 물을 보충해주는 것을 잊지 말자.

SECTION

BASIC TECHNIQUE
FOR KEEPING TROPICAL FISHES

SECTION

사진과 일러스트로 배우는

열대어를 잘 기르기 위한 기본적인 노하우
40㎝ 수조에서 구피 기르기

실제로 키워보면 모르는 점이 너무나도 많은 열대어 기르기.
열대어를 처음 키울 때 필요한 모든 지식을
사진과 일러스트를 통해 하나하나 자세히 배워보자.

BASIC TECHNIQUE FOR KEEPING TROPICAL FISHES

01

《 수조사육 개론 》

물고기를 기르는 게 정말 재미있을까?

추구하는 재미는 저마다 다르다

아마도 여러분은 열대어를 기르고 싶다는 생각에서 이 책을 집어 들었을 것이다. 하지만 한편으로는 「어떤 점이 재미있을까?」, 「키우기 어렵지는 않을까?」 하는 불안도 느낄 것이다.

실내에 놓인 수조에서 다채로운 색상의 물고기가 헤엄치는 모습은 정말 근사하다. 많은 사람들이 말하듯 작은 물고기들이 살아가는 모습은 아무리 봐도 질리지 않고, 스트레스가 많은 일상에서 작은 휴식이 된다. 또한 아름답게 가꾼 수조는 그 자체만으로도 훌륭한 인테리어가 된다.

하지만 살아 있는 생명을 보살피는 일에는 수고가 따른다. 먹이를 주는 것은 물론이고, 이끼 청소나 물갈이 등 물고기를 건강한 상태로 유지시키기 위해 신경 써야 할 일들이 많다.

물고기 중에는 베타나 백운산처럼 수질 저하에 강해서 비교적 관리하기 쉬운 종도 있다. 또 물고기를 조금 넣는 대신 수조의 수량을 늘리면 비교적 쉽게 관리할 수 있다.

그러나 취미로 열대어를 기르려면 「어느 정도의 수고로움」을 즐길 줄 알아야 한다. 물갈이를 해서 수조의 물이 다시 깨끗해지면 물고기도 행복해 보이고, 무성해진 수초를 트리밍하여 보기 좋게 정리하면 여러분이 가꾼 수조 속 세상은 더욱 아름답게 빛날 것이다. 수고와 시간, 비용을 들여 더 큰 만족감을 얻는 것이 바로 수조사육의 즐거움이라고 할 수 있다.

열대어를 잘 기르기 위한 기본적인 노하우 • SECTION 2

주인이 만든 수조 속 세상에서 헤엄치는 네온 테트라. 시간과 정성을 들여 기르면 물고기도 더욱 아름다운 색으로 빛난다.

BASIC TECHNIQUE FOR KEEPING TROPICAL FISHES

02

《 이것만은 먼저 생각하자 》

수조를 놓을 장소와 예산

온 가족이 즐길 수 있는 곳에 놓는다

열대어를 기르기로 결심했다면 우선 수조를 놓기에 적당한 장소를 생각해야 한다. 예를 들어, 가로길이가 40㎝ 정도인 수조는 물을 채우면 무게가 30~40㎏ 정도 나가므로 바닥이 평평하고 튼튼한 곳에 놓는다. 안정성을 위해서라도 수조용 받침대를 사용하는 것이 좋다.

공간박스 위나 전기제품 위는 안정성이 떨어지고, 진동이나 온도변화에 취약할 수 있으므로 피한다. 카펫이나 돗자리를 깔아 놓은 곳도 물갈이를 하다가 흘리면 닦아낼 수 없으므로 피한다. 직사광선이 장시간 내리쬐는 곳은 여름철에 온도가 상승해 이끼가 생기기 쉬우므로 좋지 않다. 반대로 주방이나 화장실 등과 가까운 곳에 놓으면 물갈이를 할 때 편리하다.

예산은 수조 크기에 따라 천차만별이지만, 구피나 네온 테트라 같은 작은 물고기를 기르기에 적당한 기본 수조 세트는 5~10만원 정도에서 선택할 수 있다. 인테리어를 겸한 대형 수조의 경우는 수백만원을 넘기도 하지만, 90㎝ 크기의 수조라면 비교적 좋은 설비를 갖추더라도 수십만원 정도면 충분하다. 물론 대부분의 경우에 십만원 정도면 충분히 만족할 만한 수조를 구입할 수 있다. 어떤 물고기를, 어떤 곳에 놓고, 어떤 식으로 기르고 싶은지 조건을 하나하나 따져본 후에 상점직원과 상담해보자. 우선 작은 수조부터 시작해 점점 크기를 키워가는 것도 좋은 방법이다.

열대어를 잘 기르기 위한 기본적인 노하우 ● SECTION 2

가로 45cm 이하인 소형 수조라면 놓는 장소를 크게 고민하지 않아도 된다. 서재나 아이방에 놓아도 좋은 인테리어가 된다.

가족 모두가 즐길 수 있는 장소에 놓는 것이 좋지만, 햇빛이 너무 잘 드는 곳은 수온이 상승하거나 이끼가 대량발생하는 원인이 되므로 피하는 것이 좋다.

일단 수조에 물을 채우고 물고기를 기르기 시작하면 수조를 옮기거나 시스템을 변경하는 것이 쉽지 않다. 구입할 용품도 카탈로그 등을 보며 충분히 검토한다.

이 수조(테트라의 RG-40)는 가로가 41cm다. 이 정도 크기라면 어느 곳에나 부담 없이 놓을 수 있다. 하지만 무게가 40kg 이상 나가므로 반드시 전용 받침대를 사용하자.

BASIC TECHNIQUE FOR KEEPING TROPICAL FISHES

03

《 매우 중요한 열대어샵 선택법 》

상점직원은 선생님이자 주치의다

일단 단골가게를 만든다

열대어 가게도 여러 곳이 있다. 대형 마트에 입점해 있는 열대어샵도 있고, 전문점도 있다. 전문점 중에도 대형 매장부터 소형 매장까지 종류가 매우 다양하다.

전문점이 비교적 직원의 숙련도도 높고, 물고기의 상태도 좋은 편이다. 단, 전문점에는 경험 많은 애호가가 많이 드나들기 때문에 일반인이나 초보자가 쉽게 접근하지 못하는 경우도 있다. 상품이나 열대어의 가격 또한 상점에 따라 큰 차이가 있는데, 초보자는 되도록 가장 저렴한 곳에서 사고 싶어하기 마련이다.

하지만 열대어는 대량생산품이 아니라 살아 있는 생물이다. 수조를 설치할 때도 전문지식이 필요하고, 혹시라도 물고기가 병에 걸리면 치료법 등을 상담해야 한다. 따라서 우선 내 수조의 주치의가 되어줄 사람을 찾는다는 생각으로 여러 상점을 돌아보자. 상점직원에게 여러분이 초보자이며 열대어 기르기를 시작하고 싶다는 사실을 알리자. 물고기를 처음 기를 때는 갖가지 문제가 발생하기 쉬우므로 상점을 찾을 일이 많다. 이때 친절하게 상담해줄 만한 상점을 선택하는 것이 좋다. 또 물고기가 아무리 저렴하더라도 상태가 좋지 않아 금세 죽어버린다면 아무 소용이 없다. 가격이 다소 비싸더라도 상태가 좋은 물고기를 구입해야 더 오래 기르며 즐거움을 누릴 수 있다. 부디 눈앞에 보이는 가격만으로 판단하지 않길 바란다.

열대어를 잘 기르기 위한 기본적인 노하우 ● SECTION 2

수많은 용품이 진열되어 있는 열대어샵은 보기만 해도 즐겁다. 같은 제품을 사더라도 직접 골라서 살 수 있다.

대형 매장에서는 수조도 실물을 확인할 수 있다. 소형 매장에서는 따로 주문해야 하는 경우도 있다.

초보자는 자신의 수조 상태를 잘 알고, 친절하게 상담해줄 직원을 찾는 것이 가장 중요하다.

BASIC TECHNIQUE FOR KEEPING TROPICAL FISHES

04

《 수조 크기 결정하기 》

수조가 크면 물고기를 기르기 쉽다

편리성과 균형을 맞춰야 한다

당연한 일이지만, 수조의 크기는 매우 다양하다. 소형의 경우 15㎝ 큐브(가로·세로·높이가 같은 정육면체를 큐브라고 한다)부터 대형의 경우 크기가 2~3m까지 있다.

큰 수조보다는 작은 수조가 큰 부담 없이 시작할 수 있고, 관리하기도 쉬워 보인다. 실제로 여러 면에서 편리하다. 하지만 수량이 어느 정도 있어야 수질이 쉽게 나빠지지 않아 질병 발생이 줄어든다는 사실 또한 알아두자. 물고기는 물속에서 먹이를 먹고, 배설물을 내보내고, 헤엄을 치므로 거실과 식탁과 화장실이 한곳에 있는 것과 마찬가지다. 그러니 수조가 좁으면 얼마나 고통스러울지 이해가 갈 것이다. 그런 의미에서, 조금이라도 수량이 많은 수조에서 기르는 것이 좋다.

수조는 정해진 규격사이즈가 있다. 다른 일반 건축자재와 마찬가지로 유리나 아크릴 소재를 180×90㎝ 부재에서 잘라 생산하는데, 효율적으로 다룰 수 있고 비용대비 성능이 뛰어난 크기로 규격화되어 있다. 대표적인 사이즈를 p.39에 정리했는데 그중에서도 수량과 가격, 편리성 등을 고루 갖춘 제품이 60㎝ 규격수조라고 불리는 수조로, 구체적인 사이즈는 60×30×36㎝이다. 이 정도 크기라면 일반 가정에서도 관리하기 편하다. 관리하기 쉬우면서도 60ℓ 전후의 수량을 확보할 수 있다.

우선 기르고 싶은 물고기를 결정한 다음, 물고기에게 적합한 수조의 사이즈를 알아보자.

열대어를 잘 기르기 위한 기본적인 노하우 ● SECTION 2

테트라의 RG-40은 41×25×38cm이다. 40cm 규격사이즈보다 높이가 높은 편으로, 그만큼 규격보다 수량이 넉넉하다.

수조 사이즈와 수량, 총중량의 관계

수조 사이즈	총수량
15×15×15cm(15큐브)	3ℓ
30×20×23cm(30규격)	12ℓ
30×30×30cm(30큐브)	24.3ℓ
41×21×26cm(40규격)	20.1ℓ
60×30×36cm(60규격)	58.3ℓ
90×45×45cm(90규격)	164ℓ

부재의 비용효율에 따라 규격수조가 정해져 있다. 물론 규격사이즈와 다른 수조도 있으며, 원하는 크기로 주문 제작할 수도 있다.

BASIC TECHNIQUE FOR KEEPING TROPICAL FISHES

05

《 꼭 필요한 수조용품과 크기 》

여유 있는 용량을 선택해야 실패하지 않는다

그밖의 필수 아이템

앞서 살펴본 수조만으로는 물고기를 기를 수 없다. 반드시 필요한 용품이 그밖에도 많이 있다.

첫 번째는 여과기로, 사육수를 깨끗하게 만들기 위한 장치다. 일반적으로 물을 빨아들인 다음 여과재에 통과시켜 오염물을 제거하고 다시 수조로 돌려보내는 방식이다. 수조 가장자리에 거는 걸이식, 호스를 통해 물을 빼냈다가 다시 돌려보내는 외부식, 수조 안의 배관을 통해 여과조에 물을 떨어뜨리는 오버플로(overflow)식 등 다양한 여과방식이 있으며, 종류에 따라 효율이나 비용 등이 다르다.

그 다음 필요한 것이 조명이다. 수초뿐만 아니라 물고기에게도 빛은 반드시 필요하다. 타이머 등을 사용해서 낮과 밤의 사이클을 만들자. 조명은 하루에 8시간 정도 켜두는 것이 일반적이다.

수온을 유지하기 위해 사용하는 히터도 중요한 장비다. 수온은 일반적으로 25~26℃ 정도로 유지해야 한다. 단, 히터는 수온을 높이는 역할만 한다. 여름철에는 수온이 지나치게 올라가는 경우도 있는데, 이럴 때는 수조용 쿨러를 이용하거나 에어컨을 틀어 수온을 적정하게 유지한다.
이밖에 물고기를 기를 때 필요한 최소한의 장비를 p.41에 정리하였다.

열대어 용품 전체에 해당하는 말이지만, 성능에 충분한 여유가 있는 제품을 사용하는 것이 좋다. 예를 들어 여과기의 경우에 물고기가 갑자기 죽어서 수질이 급격히 저하될 수도 있다. 무엇이든 여유를 두는 것이 중요하다.

열대어를 잘 기르기 위한 기본적인 노하우 • SECTION 2

여과기

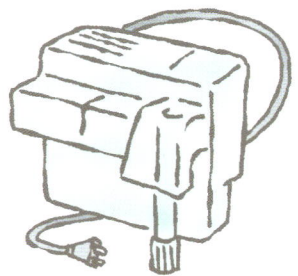

물을 깨끗하게 하는 여과기는 열대어 사육의 필수품이다. 소형 수조에는 일반적으로 「걸이식여과기」를 사용한다. 이밖에도 외부여과기나 상면여과기 등이 있다.

조명

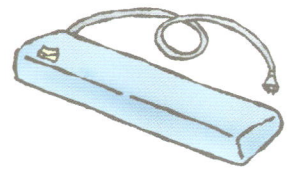

열대어 사육에 사용하는 조명기구는 대부분 형광등이다. 소형 수조용 조명도 종류가 매우 다양하며 디자인이 뛰어난 제품이 많다. 수초를 기르고 싶다면 광량이 큰 제품을 선택하는 것이 좋다.

히터

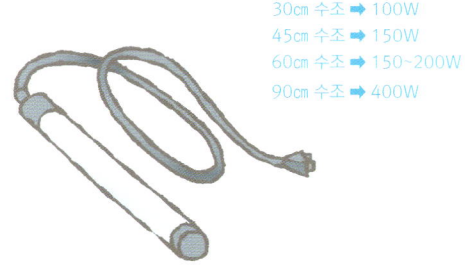

30㎝ 수조 ➡ 100W
45㎝ 수조 ➡ 150W
60㎝ 수조 ➡ 150~200W
90㎝ 수조 ➡ 400W

열대어는 원래 열대지역에 사는 물고기이므로 추운 계절이 되면 물을 따뜻하게 해줄 필요가 있다. 적정온도인 25℃를 유지하기 위한 서모스탯이 내장된 제품이 단순하면서도 고장이 적다.

바닥모래

수조 바닥에 까는 모래는 물을 깨끗하게 하는 「여과박테리아」의 서식처가 되기도 하며, 수초를 심을 때에도 필요하다. 선택하는 모래 종류에 따라 수질이 어느 정도 차이나게 된다.

이번에 준비한 제품

40㎝ 수조라고 해도 무게가 40kg 정도나 되므로 수조용 받침대를 준비하는 것이 좋다.

이번에는 바닥모래로 규사를 준비했다. 규사는 풍화작용으로 부서진 화강암을 가리킨다.

소독을 위해 수돗물에 넣는 염소를 중화하려면 중화제가 필요하다.

수조를 처음 설치할 때는 박테리아 제제가 편리하다. 사진은 바이콤의 슈퍼바이콤.

BASIC TECHNIQUE FOR KEEPING TROPICAL FISHES

06

《 있으면 편리한 수조용품 》

없어도 물고기를 기를 수 있지만, 필수라고 생각하는 것이 좋다

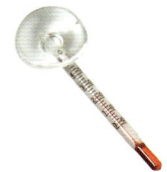
아날로그 수온계. 수온을 안정적으로 유지하는 것이 매우 중요하므로 수시로 확인한다.

디지털 수온계. 이 제품은 실온도 측정할 수 있다.

물갈이용 펌프. 물을 쉽게 빨아들일 수 있다.

물갈이를 하거나 물고기를 잠시 옮길 때 양동이가 꼭 필요하다.

처음에 모두 갖추어놓으면 편리하다

이밖에도 물방울이 튀는 것을 방지하는 유리덮개, 온도를 관리하는 수온계, 물고기를 건질 때 사용하는 뜰채 등이 필요하다.

또한 양동이나 물갈이용 호스 등 물갈이 작업을 위한 도구도 필요하다. 구입한 물고기를 안전하게 수조로 옮기는 「물맞댐(열대어를 새로운 수조에 넣을 때 수온과 수질을 맞추는 작업)」에 필요한 도구 등 자질구레한 용품도 있으면 편리하다.

필수품은 아니지만, 작은 용품이나 수질조정제 등을 정리해서 수납할 수 있는 바구니 등도 있으면 편리하다. 어떤 용품이든 구입하기 전에 열대어 전문점에서만 판매하는지 또는 마트 등에서도 구입할 수 있는지를 미리 파악해두자.

열대어를 잘 기르기 위한 기본적인 노하우 ● SECTION 2

이끼를 제거할 때 편리한 멜라민스펀지 (매직블럭). 이끼가 쉽게 떨어진다.

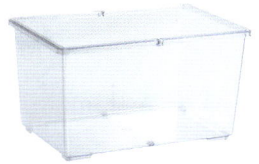
「사육케이스」 등의 이름으로 판매되는 플라스틱통.

수조 뒷면에 붙이는 백스크린. 붙이는 편이 좋다.

열대어 사육용품

◎필수 ○있는 편이 좋다 △있으면 편리하다

용품	필요도	
유리덮개	◎	물이 튀거나 물고기가 뛰어오르는 것을 방지한다. 조명을 보호하는 역할도 한다.
뜰채	◎	너무 큰 것은 작은 수조에서는 사용하기 어렵다.
양동이	◎	큰 것과 작은 것이 있으면 편리하다. 약품이 묻지 않게 용도별로 사용한다.
물갈이용 호스	◎	물을 퍼내거나 흘려보내는 등 여러 용도로 사용한다.
플라스틱통	◎	사육케이스를 사면 편리하다. 물고기를 잠시 옮겨 놓을 수 있다.
에어호스	◎	물속에 공기를 불어넣는 에어레이션용이지만, 물맞댐 작업에도 사용한다.
공기조절밸브	◎	물맞댐을 할 때 물이 천천히 떨어지도록 속도를 조절한다.
고무흡착판	◎	에어호스나 물갈이용 호스와 크기가 같은 제품이 있으면 편리하다.
에어펌프	○	여과기가 없는 양동이 등에 물고기를 잠시 넣어둘 때 산소 결핍을 방지한다.
멀티탭	○	여과기, 조명, 히터 등을 꽂을 콘센트가 많이 필요하다.
콘센트 커버	○	콘센트가 젖으면 누전이나 합선 위험이 있다. 콘센트 커버가 있으면 편리하다.
타이머	○	조명 전원을 시간에 맞춰 켜거나 끄는 타이머가 있으면 편리하다.
모래삽	○	그물망이 있는 플라스틱삽. 바닥모래를 넣거나 고를 때 편리하다.
가위	○	수초를 트리밍할 때나 그밖의 용도로도 사용한다. 젖어도 되는 것을 마련한다.
플라스틱 트레이	○	수초를 손질할 때 트레이에 물을 넣고 수초를 올려두면 마르지 않는다.
핀셋	○	수초용 제품이 있으면 수초를 흙에 심을 때 편리하게 사용할 수 있다.
스크레이퍼	○	모서리가 날카로운 플라스틱 등으로 된 판. 이끼 청소를 할 때 필요하다.
전동펌프	△	물갈이를 할 때 물을 퍼올리는 데 유용하다. 대형수조에는 반드시 필요하다.
비닐시트	△	물갈이를 할 때 깔면 작업할 때 주변이 젖지 않는다.
플라스틱 바구니	△	위에 소개한 용품을 정리해서 담아두면 작업할 때 편하다.

BASIC TECHNIQUE FOR KEEPING TROPICAL FISHES

07

《 선택한 기구의 포인트 》

합리적인 가격에 성능이 뛰어나 안심할 수 있는 기구

TANK
수조

한정된 공간에서
최대한 많은
수량을 확보할 수 있는 키가 큰 수조

이번에 사용한 제품은 테트라 재팬의 라운드글라스 아쿠아리움 RG-40. 다른 제품에 비해 키가 큰 것이 특징이다.

경험을 쌓으면 익숙해진다고는 하지만, 처음 수조를 집에 들여놓을 때는 그 크기에 깜짝 놀랄 것이다. 가능하면 60㎝(수량 약 60ℓ) 규격수조 정도는 갖고 싶지만, 60㎝도 부담스럽게 느껴지는 사람이 많을 것이다.
그런 사람들에게 추천하는 제품이 바로 키가 큰 40㎝ 수조다. 비록 폭은 좁지만 높이가 있어서 수량이 40ℓ나 된다. 일반적인 40㎝ 규격수조는 수량이 20ℓ에 불과하다.

열대어를 잘 기르기 위한 기본적인 노하우 • SECTION 2

FILTER
여과기

처음이라면 간편하면서도 효과적인 걸이식여과기를 선택한다

간편하고 가격도 저렴한 걸이식여과기.
사용하기도 쉽고, 효과도 의외로 뛰어나다.

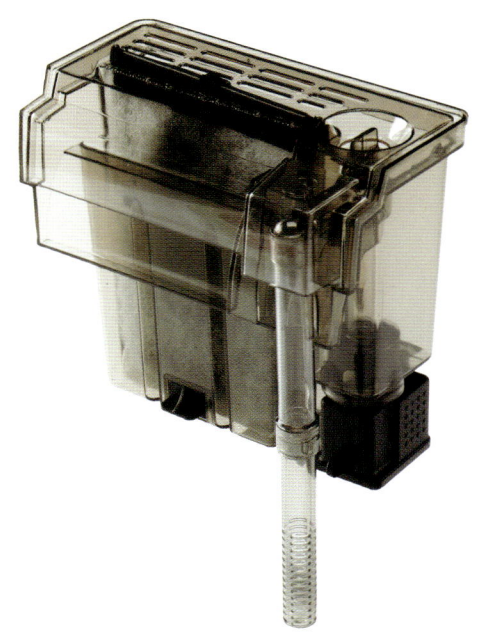

가격도 저렴하고 간편하지만 의외로 효과가 뛰어난 것이 바로 걸이식여과기다. 수조 가장자리에 걸쳐놓으면 되므로 설치 방법도 매우 간단하다. 내부에 마중물을 넣고 플러그를 콘센트에 꽂으면 작동한다.
주로 끌어올린 물을 여과재에 통과시켜 오염물을 제거하는 방식이므로 여과재를 정기적으로 교환하는 것이 중요하다. 수조 안에 미세한 흐름을 발생시켜 물이 정체되는 것을 막는 효과도 있다.
단, 수면에 물결을 일으켜 이산화탄소(CO_2)를 방출하기 쉬우므로, 수초에 좀 더 신경 쓰고 싶다면 외부여과기를 사용하는 편이 좋다.

HEATER
히터

무엇보다 신뢰성이 중요한 기구

테트라 재팬의 IC 서모히터 100W.
온도센서가 석영관과 일체형으로 되어 있다.

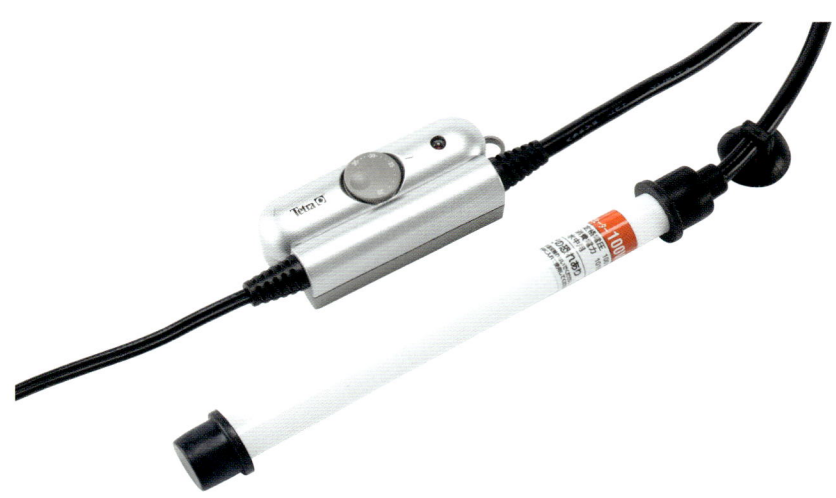

히터는 크게 두 종류가 있다. 하나는 사진과 같이 센서 일체형 타입, 다른 하나는 온도제어장치 없이 서모스탯에 연결해 사용하는 타입이다. 센서 일체형 히터 중에는 설정온도가 고정된 제품도 있으므로 구입할 때 주의한다.

열대어를 기르다 보면 히터와 관련된 문제가 많이 발생한다. 센서 부분이 물 위로 떠올라 온도가 한없이 치솟거나, 다이얼을 우연히 건드려 설정온도가 바뀌는 경우가 특히 많다. 히터는 물고기의 생명과 직결된 장치이므로 고장나지 않도록 정기적으로 교체한다.

열대어를 잘 기르기 위한 기본적인 노하우 • SECTION 2

LIGHT
조명

수조를 밝게 비추는 전용 조명기구

테트라 리프트 업 라이트 LL-4051. 24W.
설치할 수조 크기에 맞춰 길이를 조절할 수 있다.

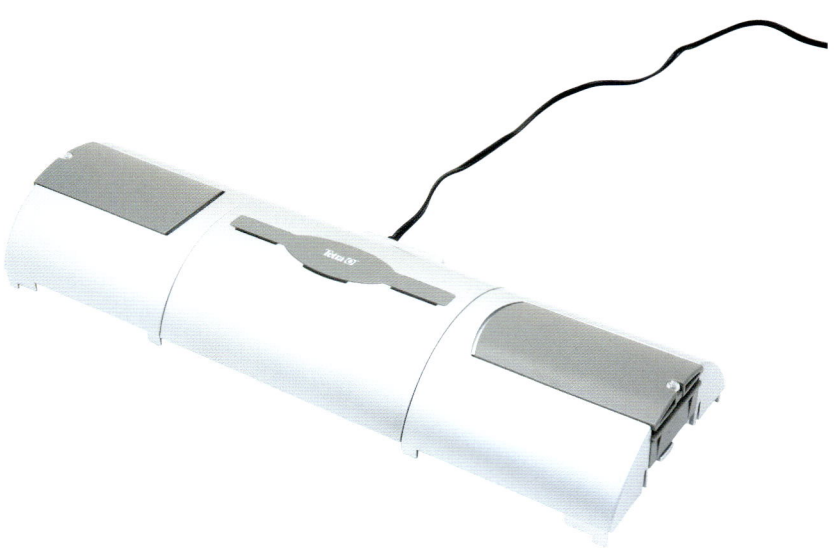

조명은 관상 목적 이외에도 수조 속 생물체를 위해 설치한다. 물고기나 조개 등에게도 하루에 한 번 낮과 밤이 찾아오는 자연주기가 필요하다. 조명을 정기적으로 켜고 끄면서 이러한 주기를 만들어주어야 한다. 물고기에게는 관상용 조명 정도의 밝기만으로도 충분하다. 하지만 수초를 심을 생각이라면 조명의 밝기가 더욱 중요해진다. 형광등이라면 여러 개가 좋다. 종류에 따라서 더 밝은 조명이 필요할 때도 있다. 수초를 키우는 수조는 메탈핼라이드 램프(metal halide lamp)라는 특수조명을 사용할 때도 있다.

BASIC TECHNIQUE FOR KEEPING TROPICAL FISHES

《 수조 설치 》

수조용품을 씻을 때는 세제를 쓰지 않는다

드디어 설치 시작

열대어샵에서 수조 세트와 필요한 용품을 구입한 다음, 수조 세트를 조심스럽게 방으로 옮긴다. 일단 수조를 설치하고 바닥재와 물을 넣고 나면 나중에 옮기기가 쉽지 않다. 또 깜빡하고 바닥재를 씻지 않은 채 기구를 설치해버리면 번거로워지므로, 침착하게 차근차근 순서대로 작업을 진행한다.

설치장소 주변은 작업하기 편하게 최대한 치워둔다. 바닥이 물에 젖지 않도록 수조 앞에 비닐시트를 깔아놓으면 좋다. 물을 흘릴 경우를 대비해 양동이와 걸레를 여러 장 준비한다. 수질조정제는 수조 세트에 함께 들어 있는 것을 사용해도 된다.

수조 세트의 포장을 푼 다음, 가장 먼저 수조를 물로 씻는다. 수조용품을 제조할 때 물고기에게 유해한 물질을 사용하지는 않겠지만, 혹시라도 제품에 바른 왁스나 배송 중에 묻은 이물질이 물고기에게 나쁜 영향을 끼칠 수도 있으므로 조심하는 것이 좋다.

또한, 이때는 세제를 사용하지 않도록 주의한다. 열대어를 기를 때 무엇을 씻더라도 세제를 사용할 일은 없다. 남은 세제가 물고기에게 악영향을 끼칠 수도 있으므로 흐르는 물로 꼼꼼하게 씻는다.

수조를 다 씻은 다음에는, 바닥재를 양동이에 넣고 탁한 물이 나오지 않을 때까지 미지근한 물로 여러 번 헹군다. 쌀을 씻는 것과 비슷하다고 생각하면 쉽다. 바닥재를 미지근한 물로 씻으면 나중에 온도를 조절하기가 쉽다. 다 씻으면 수조에 넣는다.

열대어를 잘 기르기 위한 기본적인 노하우 • SECTION 2

01 구입한 수조의 표면과 안쪽을 수돗물로 씻는다. 먼지를 씻어내는 정도로 충분하며, 세제는 사용하지 않는다.

02 이 정도 크기의 수조라면 여성도 가볍게 운반할 수 있다. 단, 유리 제품이므로 조심한다.

03 바닥재도 최대한 꼼꼼하게 씻는다. 천연규사이므로 깨끗이 씻지 않으면 물이 탁해진다.

04 다 씻은 바닥재를 수조에 넣는다. 바닥재의 두께는 3㎝ 정도가 일반적이다. 수초 심기에 중점을 둔다면 좀 더 두껍게 깐다.

05
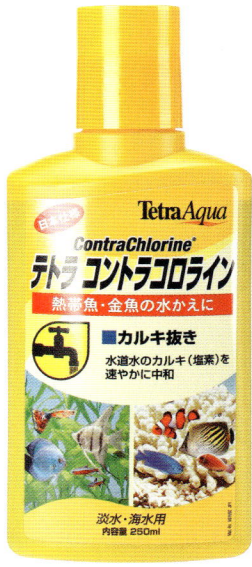
05 수돗물에는 소독용 염소가 들어 있으므로 중화제를 넣어 염소를 중화시켜야 한다. 반드시 정해진 양을 넣는다.

06

06 바닥재의 상태에 따라 물을 거칠게 쏟아부으면 물이 탁해지는 경우가 있다. 바닥재 위에 트레이 등을 놓고 물을 붓는 것이 좋다.

07

07 수조 뒷면에 백스크린을 붙이면 물고기와 수초의 색이 선명하게 비친다. 수조를 설치할 때 붙이는 것이 좋다. 바위 등이 그려진 제품도 있다.

08

08 히터는 반드시 물을 넣은 후에 전원을 켠다. 수조 안에 히터를 수평으로 놓는다. 세로로 넣으면 온도차가 발생하기 쉽다.

열대어를 잘 기르기 위한 기본적인 노하우 ● SECTION 2

09 걸이식여과기를 작동하려면 여과기 본체에 미리 「마중물」을 부어야 한다. 수조의 물을 퍼서 부으면 된다.

10 덮개 거치대를 수조 가장자리에 끼우고, 그 위에 유리덮개를 조심스럽게 올려놓는다. 조명을 설치하고 전원을 켜면 수조 설치작업이 모두 끝난다. 이 상태로 며칠 동안 물을 순환시킨다.

BASIC TECHNIQUE FOR KEEPING TROPICAL FISHES

《 여과의 기본 》

순환하는 작은 세계를 만들자

이해하는 것이 중요하다

자연계와 마찬가지로 수조에도 빛과 산소가 존재하고, 다양한 생물이 서로 관계를 맺으면서 좋은 환경을 만들어낸다. 수조 안에서 순환하고 있는 이러한 관계를 알면 각종 기구의 역할을 이해하게 되어 열대어를 더 잘 기를 수 있게 된다.

물고기는 먹이를 먹고 배설물을 내보내면서 성장한다. 배설물의 주성분은 암모니아인데, 이 암모니아가 그대로 가득 쌓이면 물고기가 죽어버린다. 그러나 수조 안에 특정 박테리아가 존재하면 이것이 암모니아를 분해해서 변화를 일으켜 피해를 줄인다. 또 물고기의 배설물은 수초의 비료가 되기도 한다. 이런 과정을 모두 거친 후에도 남아 있는 유해성분은 물갈이를 하여 깨끗하게 제거한다.

박테리아는 바닥재나 물속, 여과기의 여과재 속 등에 많이 살고 있다. 여과기로 물을 순환시키면 박테리아가 효율적으로 작용하여 수질을 개선시킨다.

물고기는 인간이나 다른 동물과 마찬가지로 산소를 들이마시고 이산화탄소를 내뿜는다. 산소는 수면에도 녹아 있지만 수초에서 내보내기도 한다. 수초는 빛을 받으면 생장을 위해 광합성작용을 하여 물속에 있는 이산화탄소를 흡수하고 산소를 배출한다. 여기에서도 조명기구를 설치함으로써 물고기가 살아가는 데 필요한 순환이 이루어진다는 것을 알 수 있다.

열대어를 잘 기르기 위한 기본적인 노하우 • SECTION 2

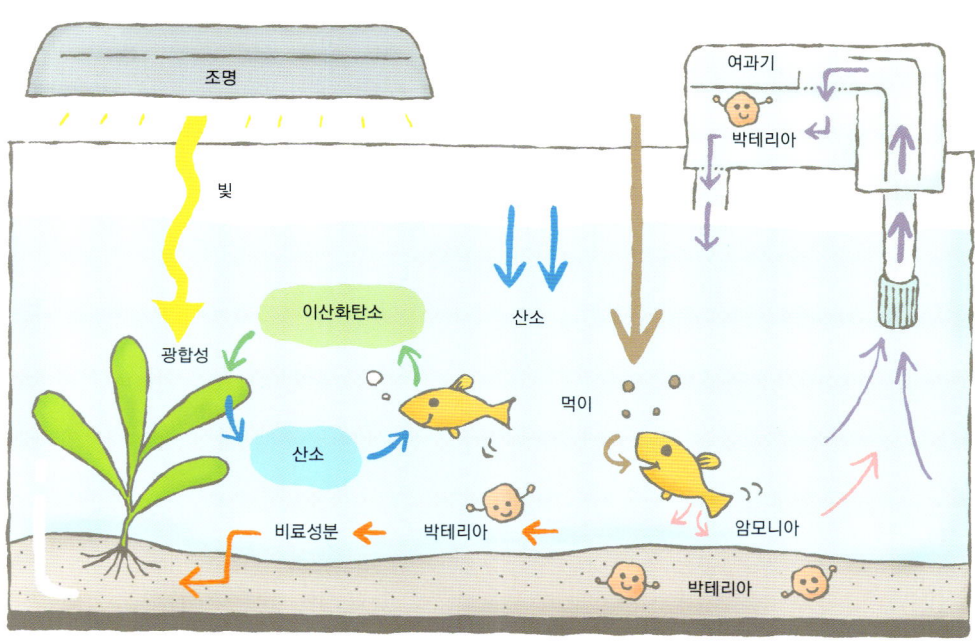

물속에서 일어나고 있는 이러한 순환을 얼마나 잘 만들어낼 수 있는가에 수조 사육의 성패가 달려 있다. 우선 이 구조를 이해하자.

BASIC TECHNIQUE FOR KEEPING TROPICAL FISHES

10

《 물리적 여과와 생물학적 여과 》

여과의 두 가지 종류에 대해 알아보자

암모니아를 분해하는 박테리아

열대어를 기를 때 가장 중요한 일 중 하나가 바로 물을 깨끗하게 유지하는 것이다. 바꿔 말하면 수질을 안정시키는 것이다. 이를 위해 여과기를 설치해야 하는데, 여과기의 역할은 단순히 물속에 떠다니는 오염물을 걸러내는 것이 아니다. 또한 물속의 오염물을 걸러내는 것만으로는 물을 깨끗하게 유지할 수 없다. 중요한 것은 여과재에 박테리아를 번식시키는 일이다. 그 박테리아가 암모니아를 분해하여 피해를 줄여주는 것이다.

대부분의 경우에 여과기는 물리적으로 오염물을 걸러내는 물리적 여과기능과, 여과재에 박테리아가 살게 하는 생물학적 여과기능을 함께 가지고 있다. 두 기능 중에서 어느 쪽에 중점을 두는지는 여과기의 설계에 따라 달라진다. 물리적 여과기능은 설치하는 즉시 효과를 볼 수 있지만, 생물학적 여과기능은 박테리아의 수가 서서히 늘어나기를 기다려야 하므로 능력을 완전히 발휘하기까지 시간이 걸린다. 두 가지 여과기의 기능을 이해한 다음에 구분해서 효율적으로 사용하도록 한다.

물리적 여과를 담당하는 필터 여과재는 시간이 갈수록 오염물이 쌓이므로 정기적으로 청소를 해주어야 한다. 반대로 생물학적 여과를 담당하는 여과조는 자주 손대지 않는 편이 좋다. 최소한의 오염물을 제거하여 물의 흐름을 원활하게 할 필요는 있지만, 박테리아를 수돗물에 흘려보내는 것은 피해야 한다.

열대어를 잘 기르기 위한 기본적인 노하우 • SECTION 2

물리적 여과

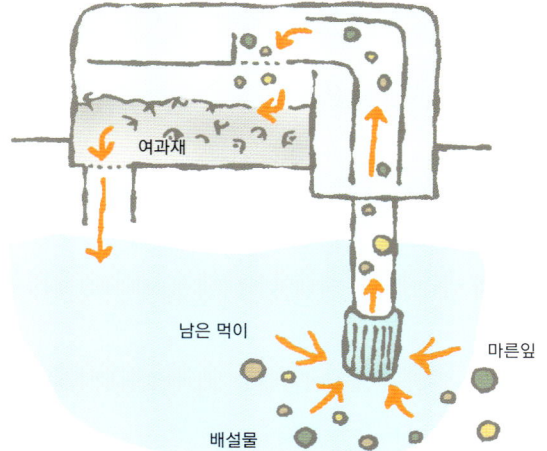

체에 거르듯이 오염물을 여과기에 물리적으로 걸러서 제거하는 것이 물리적 여과다. 정기적으로 여과재를 세척하여 오염물을 제거해야 한다.

생물학적 여과

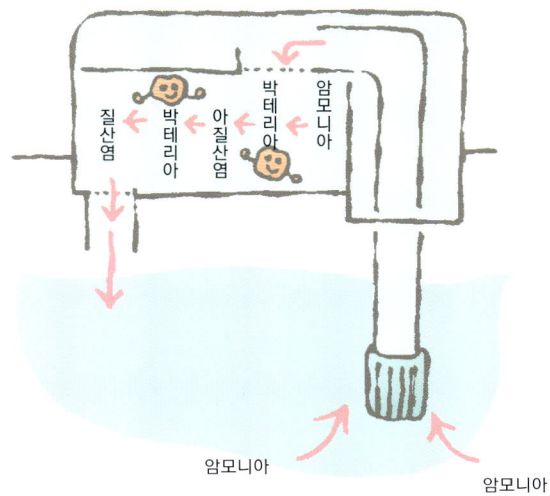

박테리아를 통해 오염물을 암모니아 → 아질산염 → 질산염으로 분해하는 것이 생물학적 여과다. 수조 전체에 있는 박테리아의 수를 얼마나 늘리느냐가 핵심이다.

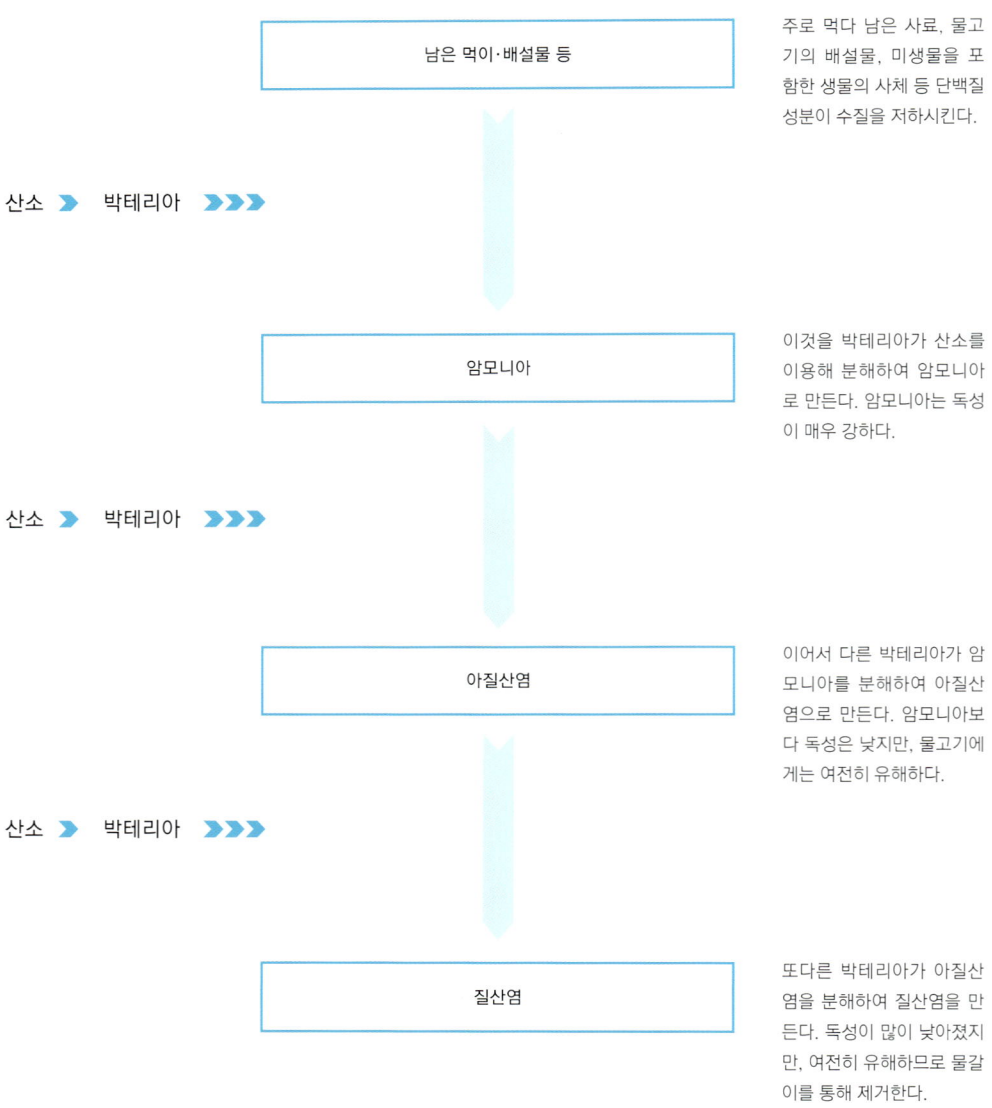

박테리아가 번식하지 않은 수조

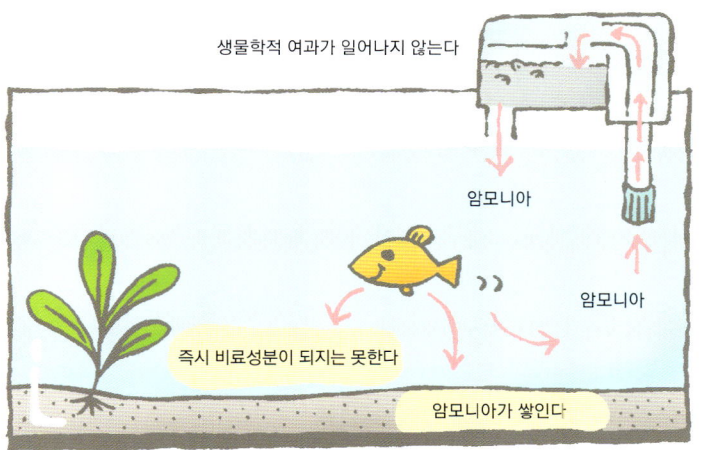

수조를 설치한 다음 구피를 바로 수조에 넣지 않는 이유는 박테리아가 아직 충분히 번식하지 않아 여과재 등의 서식처에 정착하지 않았기 때문이다.

박테리아가 충분히 번식한 수조

일주일 정도 지나면 박테리아가 점차 번식한다. 수조 속 박테리아는 여과재나 바닥재, 유목 틈새, 수초 뿌리 등에 정착한다.

BASIC TECHNIQUE FOR KEEPING TROPICAL FISHES

11

《 여과장치의 메커니즘 》

장점과 단점을 파악하자

여과능력에 여유가 있는 여과장치를 사용한다

여과장치에는 다양한 종류가 있으며, 수조의 크기나 물고기의 종류에 따라 선택하는 여과장치가 달라진다. 또한 비용에 따라서도 선택이 바뀔 수 있다.

여과능력이 부족하면 수조 안에 암모니아와 아질산염이 축적되어 물고기가 큰 피해를 입게 된다. 암모니아와 아질산염의 독성 때문에 죽을 수도 있고, 체력이 떨어지거나 백점병에 걸리기 쉽다. 물고기의 전체 수와 사료의 총량에 맞추어 여과설비를 미리 준비해야 한다. 또한 여름철 수온상승으로 수질 악화가 촉진되거나, 물고기가 그늘진 곳에서 죽어 수질이 급격하게 악화되는 경우도 있다. 이런 일이 생겨도 여과능력이 부족하지 않을 만큼 성능에 여유가 있지 않으면「죽은 물고기의 부패에 의한 수질 저하 → 다른 물고기의 죽음」이라는 연쇄반응을 일으키게 된다. 이런 일이 벌어지지 않도록 여과능력을 충분히 확보해야 한다는 점을 명심하자.

참고로 여러 개의 여과장치를 함께 설치하는 것도 가능하다. 이 경우에는 단점을 서로 보완할 수 있게 조합하는 것이 좋다. 여과장치를 여러 개 설치하면 펌프 고장 등 만일의 사태가 발생해도 수조 손상을 최소화할 수 있다는 장점도 있다. 다양한 여과장치의 기능을 잘 조합하여 물의 양과 물고기의 수에 맞는 여과능력을 확보하자.

열대어를 잘 기르기 위한 기본적인 노하우 • SECTION 2

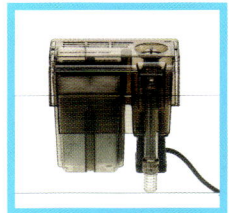

걸이식여과기
저렴하고 크기도 작고 간단하며 사용하기 쉽다

○ 설치가 간단하고, 저렴하다
✕ 여과용량이 별로 크지 않다

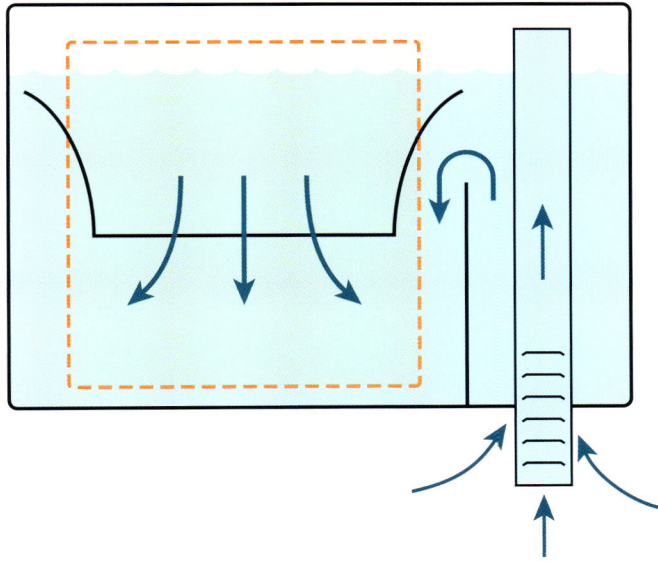

물을 끌어올린 다음 여과재에 통과시켜 다시 내보내는 단순한 구조다. 지정된 여과재 대신 링여과재 등을 이용하는 방법도 있다.

설치가 매우 간단한 여과장치로, 수조 가장자리에 걸쳐놓고 전원을 켜기만 하면 된다. 펌프로 물을 끌어올린 다음 카트리지 타입의 여과재를 거쳐서 수조로 돌려보내는 방식이다. 기본적으로는 여과솜(울매트) 등을 중심으로 한 물리적 여과장치라고 생각하면 쉽지만, 여과재에 박테리아가 번식하므로 생물학적 여과장치의 기능도 담당한다. 그러나 기본적으로는 물리적 여과장치라고 생각하고 여과재 팩을 자주 교환해주는 것이 좋다.

외부여과기 등 다른 여과장치와 조합하기 쉽고, 수류가 어느 정도 발생하므로 사용이 편리하지만 여과능력이 그다지 좋은 편은 아니므로 크기가 큰 수조에는 어울리지 않는다.

외부여과기
조용하고 산소를 흡수하지 않는 것이 장점이다

○ → 조용하다. 수조에서 눈에 띄지 않는다
× → 산소 공급량이 부족해질 수 있다

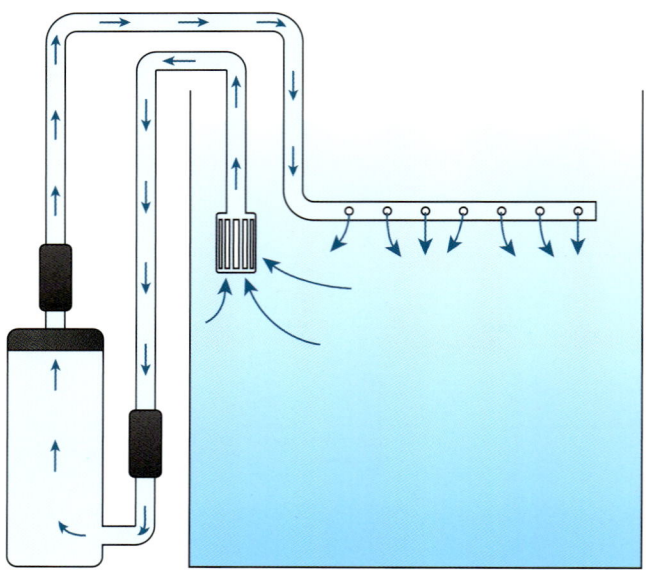

기밀성이 뛰어나고, 이산화탄소가 쉽게 새어 나가지 않아 수초 수조에 많이 사용된다. 증설하기 쉽다는 장점도 있다.

열대어를 기를 때 가장 일반적으로 사용하는 여과장치의 하나로, 에하임 제품이 잘 알려져 있다. 밀폐된 용기 안에 여과재를 넣고, 호스로 빨아들인 물을 여과재에 흡수시킨 뒤 내장된 펌프의 힘으로 수조로 돌려보낸다.

작동 중에 소음이 적고, 수조를 가공하지 않고도 설치할 수 있으며, 설치 장소에 제약이 없어서 많은 사람들이 사용한다.

장단점에 상관없이 밀폐된 시스템이 특징으로, 이산화탄소가 쉽게 새어 나가지 않아 수초 수조에 많이 사용된다. 반대로 산소가 잘 흡수되지 않는 구조이므로 수조 시스템 전체, 특히 산소를 필요로 하는 박테리아가 서식하는 여과조 안에 산소 결핍이 일어나지 않게 주의한다.

열대어를 잘 기르기 위한 기본적인 노하우 • SECTION

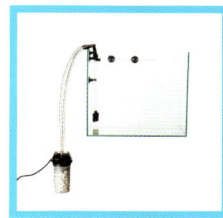

소형 외부여과기

작아서 어디에나 둘 수 있다

○ ▶ 사용이 간편하며, 여과능력이 뛰어나다
✕ ▶ 한계가 있으므로 과신하면 안 된다

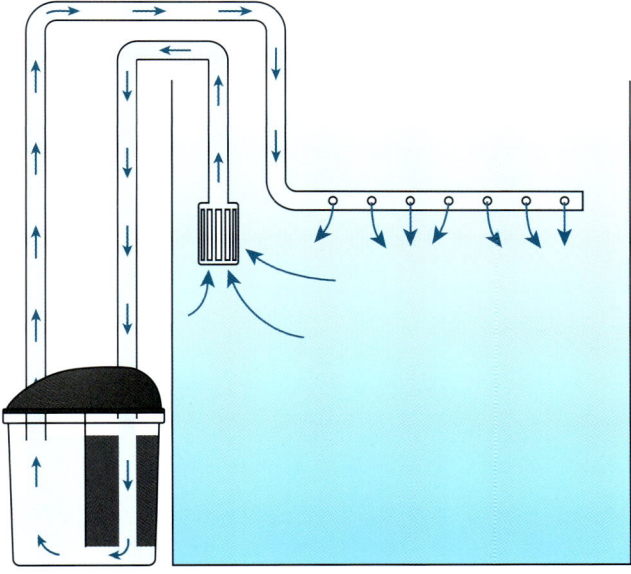

최근에 많이 사용하는 시스템이다. 책상 위에 소형 수조를 놓을 때 특히 사용하기 편한 구조이다.

25㎝ 큐브나 30㎝ 규격, 40㎝ 규격 등 소형 수조가 보급되면서 등장한 여과기로 최근 이용자가 급속하게 증가하고 있다. 기존 외부여과기에 비해 부피가 작고, 소음도 적은 편이다. 수조와 나란히 놓거나, 수조 가장자리에 매달아 사용하는 방법이 생기면서 더욱 간편하게 사용할 수 있다. 걸이식여과기나 상면여과기 등과 조합하여 사용할 수도 있다. 용량에 어느 정도 한계가 있으므로 소형 수조에서 작은 물고기를 키울 때에만 사용하자. 소형 장치이므로 일반적인 외부여과기보다도 오염물이 쌓이는 속도가 빠르다. 잊지 말고 자주 관리해야 한다.

상면여과기
용량이 크고 산소를 흡수하기 쉽다

○ 간편하고, 여과재도 많이 넣을 수 있다
× 형광등을 설치할 공간이 제한된다

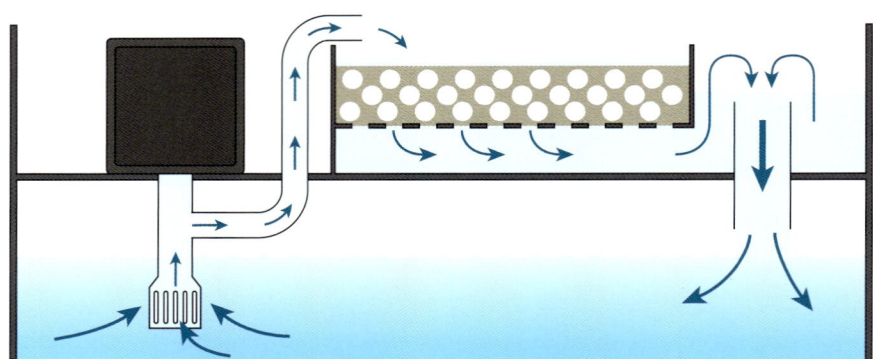

수조 위에 설치하므로, 파이프가 빠지더라도 물이 쏟아지지 않는다는 점 또한 초보자들에게 안심되는 부분이다.

수조 위쪽에 여과재가 든 여과조를 놓고, 물을 펌프로 끌어올려 여과재 위로 흐르게 하는 방식이다. 오버플로식 수조 다음으로 큰 여과용량을 확보할 수 있다. 또한 수면에 물결을 일으켜 공기 중의 산소를 많이 흡수한다. 그 결과 여과재 속 박테리아에도 산소가 충분히 공급되어 박테리아의 작용이 활발해진다.
하지만 같은 이유로 이산화탄소가 방출되기 쉬워 수조 수초에는 적합하지 않다. 수조 위쪽을 많이 차지하므로 형광등을 놓을 장소가 제한된다는 점 또한 광합성작용에 많은 빛이 필요한 수초에게는 단점으로 작용한다. 물고기용 수조로는 매우 간편하고 효율적인 수단이라고 할 수 있다.

열대어를 잘 기르기 위한 기본적인 노하우 • SECTION 2

오버플로식 수조
총수량과 여과용량을 최대화할 수 있다

- ○ 매우 많은 여과재를 사용할 수 있다
- × 물이 떨어질 때 나는 소리가 크다

본격적인 대형 수조에 사용하는 것이 바로 오버플로식 수조다. 수조 바로 밑에 큰 여과조를 설치하고, 수조의 물이 배관을 통해 아래로 떨어져 여과조 안으로 들어가게 하는 방식이다. 필요한 만큼 여과재 용량을 확보할 수 있어 대형 수조에 적합하다. 고대어 등 물을 쉽게 오염시키는 대형어에 적합하다.

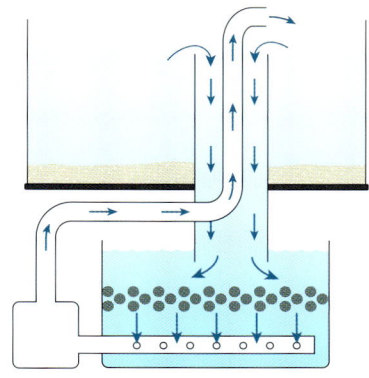

펌프로 끌어올린 물은 다시 배관을 통해 아래로 떨어진다. 확장성이 뛰어나다는 장점도 있다.

저면여과기
작은 생물도 빨아들이지 않는다

- ○ 작은 물고기나 헤엄치는 힘이 약한 치어도 안심할 수 있다
- × 여과재인 바닥모래를 청소하기가 번거롭다

그물망처럼 생긴 판 밑에서 펌프로 물을 끌어올리고, 그 위에 모래를 두껍게 까는 방식이다. 바닥모래 전체가 필터 역할을 하므로 여과용량이 커지는 것이 장점이다. 단, 여과재인 바닥모래를 정기적으로 청소하지 않으면 오염물이 쌓인다. 헤엄치는 힘이 약하거나 크기가 작은 물고기도 여과조로 빨려들어갈 걱정이 없어서 편하다.

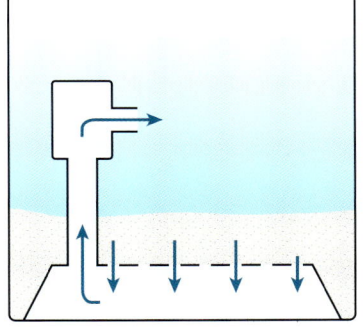

물을 바닥모래를 거쳐 아래에 있는 저면 여과판 아래로 빨아들여 다시 펌프로 끌어올리는 방식이다.

BASIC TECHNIQUE FOR KEEPING TROPICAL FISHES

12

《 히터와 쿨러의 메커니즘 》

구조를 배워 문제를 방지하자

최악의 사고가 발생할 수도 있다

히터의 내부구조를 알지 못해도 열대어를 기를 수는 있다. 하지만 취미로 시작한 이상 좀 더 깊은 지식까지 배워두면 즐겁지 않을까.

또 히터는 뜨거운 열기를 방출한다. 잘못 다루다가는 수온을 급속히 상승시키거나 화재를 일으킬 위험도 있다. 히터에 대해 깊이 공부한다는 것은 이러한 사고를 미리 방지할 수 있다는 뜻이기도 하다.

히터는 대부분 흰색의 원통모양이다. 원통은 석영으로 만들어졌으며, 안에 들어 있는 도전선(導電線)이 열을 발생시키도록 되어 있다.

서모스탯의 온도를 감지하는 센서는 분리형과 내장형(일체형) 두 종류가 있다. 센서 일체형은 열전도나 대류로 인한 오차가 발생하기 쉬우므로, 비교적 엄격한 관리가 필요하지 않은 소형 수조에 많이 사용한다. 반대로 대형 수조의 경우에는 장기간 사용하면서 서모스탯 부분은 그대로 두고 히터 부분만 정기적으로 교체하는 경우도 있으므로 분리형을 많이 사용한다.

센서가 물 밖으로 나오는 바람에 히터가 수조의 물을 뜨겁게 만들었다는 이야기를 가끔 듣는다. 그런 일이 생긴다면 물속에 있는 모든 것이 익어버리고 말 것이다. 히터를 다루는 데 익숙해지면 관리를 소홀히 하기 쉽다. 그런 사고가 일어나지 않도록 세심하게 주의를 기울이자.

열대어를 잘 기르기 위한 기본적인 노하우 • SECTION

히터

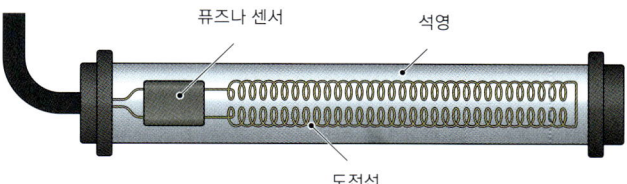

흰색 튜브는 석영이다. 그 안에 전류를 통과시켜 열을 발생시키는 도전선을 연결한다. 일본에서는 한신대지진에서 교훈을 얻어 과열되면 기능이 자동으로 정지되는 제품이 많이 늘어나고 있다.

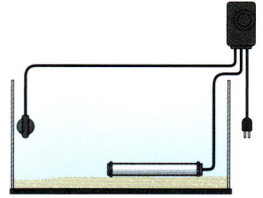  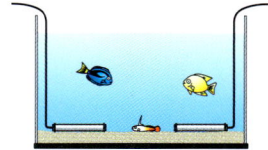

히터는 수조 바닥에 수평으로 놓는다. 수조 안에서 온도차이가 나지 않도록 센서는 최대한 히터의 열이 닿지 않는 곳에 놓는다.

수조를 점검할 때는 전원을 켠 채 히터를 수면 밖으로 꺼내지 않는다. 센서만 물 밖으로 나오면 더욱 위험해진다.

히터도 기계이므로 언젠가는 고장이 난다. 와트(W) 수가 절반인 제품을 2개 설치하면 한쪽 히터가 멈추더라도 수온이 완전히 내려가지 않는다. 히터는 정기적으로 교체한다.

쿨러

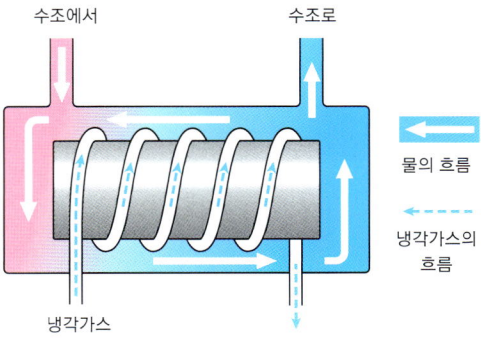

참고로 쿨러의 내부구조는 이렇게 되어 있다. 칠러탱크(chiller tank)라고 부르는 탱크 내부의 코일모양 파이프 안을 냉각가스가 통과한다.

BASIC TECHNIQUE FOR KEEPING TROPICAL FISHES

13

《 원산지를 알고 열대어 기르기에 활용하자 》

열대어는 어디에서 왔을까?

양식은 동남아시아가 많다

열대어샵에서 판매하는 열대어들은 그 이름처럼 열대지방이 원산지인 물고기들이다.

열대는 적도를 중심으로 남위 23.5도, 북위 23.5도 이내 지역을 말한다. 이 지역에 사는 물고기 중에는 국내에서 볼 수 없는 선명한 색을 띠는 종류가 많다. 관상가치가 높다는 이유로 일부 어종은 예부터 열대어라는 명칭으로 수입되어왔다. 지구 반대편에 가까운 아마존강 유역은 많은 열대어의 고향이다. 이밖에도 중미의 하천, 아프리카 일부, 동남아시아 등 전 세계 열대지방의 수역에 서식하는 열대어가 수입된다.

하지만 이것은 어디까지나 자연산 물고기의 이야기일 뿐, 양식이 가능한 어종은 동남아시아를 중심으로 한 지역에서 양식되어 좀 더 저렴한 가격에 판매된다. 초보자들이 구입하는 값싼 가격의 물고기는 대부분 이러한 동남아시아 지역에서 양식하여 번식시킨 것이다.

원산지를 알면 그 토지의 수질 등도 알 수 있다. 그러면 그 물고기를 좀 더 건강하게 기르기 위해 수질을 어떻게 관리하는 것이 좋은지 알 수 있다. 적어도 약산성을 좋아하는 물고기인지, 약알칼리성을 좋아하는 물고기인지 정도는 알고 있어야 더 건강하게 기를 수 있다. 이는 제각각 선호하는 수질이 다르므로 한 수조에서 기를 수 없는 물고기도 있다는 뜻이다. 물고기의 원산지를 파악하여 좀 더 건강하게 기르자.

열대어를 잘 기르기 위한 기본적인 노하우 ● SECTION 2

네온 테트라 등의 카라신과는 아마존에 산다. 라스보라의 원산지는 동남아시아다. 구피는 중미의 원종을 바탕으로 개량한 품종이다.

BASIC TECHNIQUE FOR KEEPING TROPICAL FISHES

14

《 수초 심는 법_기초편 》

수초를 심고 열대어를 맞이하자

아름다운 물속 풍경을 만들자

수초가 수조에 반드시 필요한 것은 아니다. 수초가 없어도 열대어는 기를 수 있다.
하지만 수초는 수조 안에서 다양한 역할을 한다. 수초는 뿌리로 각종 유해물질을 흡수하며, 산소 공급에도 도움을 준다. 또한 물고기를 수조에 처음 넣으면 익숙해질 때까지 자꾸 숨으려고 하는데, 수초는 물고기에게 숨을 곳이 되어준다. 무엇보다 수조에 수초가 없으면 썰렁해 보인다.

열대어 수조에 심을 수 있는 수초는 세계 각지의 열대지방에 서식하는 것이 대부분이다. 하지만 열대지방뿐만 아니라 온대지방이나 국내에 서식하는 수초도 있다.

수초는 색상이나 형태가 저마다 다른데, 그중에서도 기르기 쉬운 종류와 그렇지 않은 종류가 있다. 수초는 영양분이 되는 물과 흙속의 미량성분 이외에도 빛과 이산화탄소가 필요하다. 강한 빛을 필요로 하는 수초나 대량의 이산화탄소를 필요로 하는 수초는 메탈핼라이드 램프 같은 밝은 조명이나 이산화탄소 발생기 등이 없이는 제대로 자라기 힘들다. 그러므로 여기에서는 그러한 기구가 없어도 잘 자라는 수초 종류를 사용했다.

수초를 기르는 자세한 방법 등은 다른 페이지에서 소개하고, 여기서는 몇 가지 포인트만 짚고 넘어가자. 구입한 수초는 그대로 심지 않고 스펀지처럼 생긴 암면 등을 조심스럽게 떼어낸다. 그리고 시든 잎은 제거한다. 그러면 새잎이 나기 쉬워진다.

열대어를 잘 기르기 위한 기본적인 노하우 • SECTION 2

수초의 종류는 매우 다양하다. 기르기 힘든 종류도 있지만, 여기에서는 튼튼하고 가격도 저렴한 수초를 선택했다. 오른쪽부터 아마존 소드 플랜트, 워터스프라이트(물고사리), 에키노도루스 테넬루스, 발리스네리아(나사말). 모두 10~15포기 정도로 넉넉하게 구입했다.

01 수초 다발의 뿌리에 납을 감아놓은 경우가 있다. 납을 벗겨내고 뿌리를 깨끗이 씻는다.

02 뿌리 주위에 붙어 있는 암면을 손으로 조심스럽게 제거한다.

03 플라스틱 화분에 심은 수초는 화분을 가위로 잘라서 꺼낸다.

04 뿌리 부분은 암면을 제거한 뒤 흐르는 물에 조심스럽게 씻어 이물질을 없앤다.

05 시들거나 꺾인 잎은 과감하게 떼어낸다. 떼어내야 비로소 자라기 시작한다.

06 후경이 되는 키가 큰 수초부터 심는 것이 좋다. 이번에는 발리스네리아부터 심었다.

07 핀셋을 사용하면 수초를 심기 편하다. 지나치게 자란 뿌리는 잘라주어야 다시 자란다. 수초 끝을 잡고 바닥재에 꽂듯이 심는다.

열대어를 잘 기르기 위한 기본적인 노하우 • SECTION 2

수초를 다 심으면 수초 레이아웃이 완성된다. 수면이나 물속에 떠다니는 잎 등은 모두 건져낸다. 이 수조는 오른쪽 안쪽에 발리스네리아를, 왼쪽에는 아마존 소드플랜트를 심었다. 오른쪽 앞에는 워터스프라이트, 그리고 맨 앞에는 에키노도루스 테넬루스를 전체적으로 심었다. 유목을 사용하면 좀 더 다채로운 모습을 연출할 수 있지만, 수초와 유목 모두 수질을 산성화시킨다. 구피는 원래 약알칼리성을 선호하므로 이 수조에는 넣지 않았다.

BASIC TECHNIQUE FOR KEEPING TROPICAL FISHES

15

《 물고기 고르는 법 》

건강한 물고기를 선택한다

많은 물고기가 한 수조 안에서 헤엄치는 경우도 있다. 기르기 쉬운 어종을 알고 싶다면 직원에게 문의하자.

상담하는 것이 최선이다

수조를 설치하고 일주일 정도 물을 순환시키면 여과박테리아 등도 조금 번식하고, 수초가 있어서 수질도 서서히 안정된다. 수조를 설치하고 곧바로 물고기를 넣는 것은 위험할 수 있다. 더군다나 초보자라면 좀더 기다리는 것이 요령이다.

이번에 구입한 물고기는 합리적인 가격의 외국산 구피다. 금전적 여유가 있으면 좀 더 비싸더라도 튼튼한 국내산 구피를 분양받는 편이 좋다.

원하는 물고기의 이름과 수를 상점직원에게 말한 다음 나머지는 모두 직원에게 맡기고 물고기를 건져주는 모습을 지켜보자. 제대로 된 샵이라면 최대한 건강한 물고기를 골라줄 것이다.

열대어를 잘 기르기 위한 기본적인 노하우 • SECTION 2

이것은 네온 테트라 수조다. 일반적으로 값비싼 물고기일수록 좋은 상태로 들여와서 관리한다.

구피가 들어 있는 판매용 수조. 가격이 저렴한 물고기는 특정 개체를 골라 살 수 없는 경우가 많다.

특정 개체를 골라 살 수 있다면 직원에게 물어보고 건강한 물고기를 직접 골라보자. 구입할 때의 상태가 매우 중요하다.

073

BASIC TECHNIQUE FOR KEEPING TROPICAL FISHES

16

《 물고기 운반하는 법 》

최대한 빨리, 조심스럽게

온도변화에 주의한다

물고기를 구입하면 샵에서는 물과 함께 비닐봉지에 담은 뒤 산소를 넣어준다. 잠깐 동안은 이 상태로 두어도 괜찮지만, 물고기는 살아 있는 생물이므로 문제가 발생한 뒤에 대처하면 늦는다. 다른 곳에 들르지 말고 곧장 집으로 돌아가 수조에 넣어주자.

우선 주의할 점이 바로 수온이다. 샵에서도 기본적으로 25℃ 전후 수온에서 물고기를 기르는데, 최대한 이 온도를 유지하면서 돌아가는 것이 좋다. 겨울철에는 온도가 떨어지지 않게 조심한다. 전철을 타고 돌아갈 때는 되도록 차가운 바깥 공기가 닿지 않게 주의한다. 아무리 무거워도 물고기가 든 비닐봉지를 차가운 콘크리트 바닥 등에 내려놓지 말아야 한다. 차를 타고 집으로 돌아갈 때 히터가 있다면 별 문제 없겠지만, 담요나 수건 등으로 감싸서 온도변화를 억제하는 것이 더욱 좋다. 얼음을 넣지 않은 아이스박스 등 보온성이 뛰어난 용기에 넣으면 더욱 좋다. 센스 있는 샵이라면 겨울철에는 신문지 등으로 감싸서 줄 수도 있다. 어쨌든 기온변화는 최대한 적은 편이 좋으므로 충분히 주의한다. 반대로 여름철에는 수온이 상승하는 것을 조심하자. 특히 온도가 올라가기 쉬운 차 안에 두고 내리는 일이 절대 없어야 한다.

이밖에도 흔들리거나 충격을 받는 것도 최대한 피하는 것이 좋다. 어종에 따라 차이가 있지만, 스트레스를 받지 않도록 서둘러 집으로 가져가서 수조에 넣어주자.

열대어를 잘 기르기 위한 기본적인 노하우 • SECTION 2

물과 함께 비닐봉지에 넣어 준다. 산소는 대부분 충분하므로 걱정하지 않아도 된다. 해외에서 물고기를 들여올 때도 이런 식으로 수입한다.

물고기를 구입하면 최대한 빨리 집으로 돌아간다. 전철을 타고 이동할 경우에는 최대한 흔들리지 않게 조심하고 온도변화에도 신경쓴다. 특히 다른 곳에 들르는 일이 없어야 한다.

차 안에서도 되도록 흔들리거나 떨어지지 않을 곳에 놓는다. 얼음을 넣지 않은 아이스박스 속에 넣으면 더 좋다.

BASIC TECHNIQUE FOR KEEPING TROPICAL FISHES

17

《 온도맞댐과 물맞댐 》

수온과 pH에 천천히 적응시킨다는 의미

우선 온도맞댐부터

집에 오면 우선 비닐봉지 속의 물고기를 살펴보자. 물고기가 가만히 있더라도, 뒤집어져 있지 않고 자세를 제대로 유지하고 있다면 걱정하지 않아도 된다.

서둘러 수조에 넣어주고 싶겠지만, 그전에 온도맞댐과 물맞댐이라는 작업이 필요하다. 초보자에게는 물맞댐이라는 표현이 생소할 것이다. 물맞댐이란 수질, 그중에서도 특히 pH의 변화를 최소화하여 수조의 물에 물고기를 적응시키는 작업이다. 물고기는 물에 온몸을 적신 채 살아간다. 체내에도 그 물이 흐르고 있으므로 미묘한 수질변화가 큰 영향을 끼칠 수 있다는 사실을 이해할 수 있을 것이다.

먼저「온도맞댐」부터 시작한다. 집에 설치한 수조의 덮개를 열고 비닐봉지째 수조에 넣는다. 15~20분 동안 이 상태로 두면서 수조의 온도와 맞추는 것이다. 더위나 추위가 심하거나, 이동시간이 오래 걸려서 온도가 크게 차이난다고 느꼈을 때는 30분 정도 넣어둔다. 온도가 맞춰지면 비닐봉지를 열고 안에 든 물과 함께 물고기를 양동이 등에 쏟는다.

온도맞댐이 끝나면 수질을 맞추는「물맞댐」을 실시한다. 샵의 수질과 집에 있는 수조의 수질이 같다는 보장은 없다. 물고기가 갑자기 다른 수조로 옮겨져 수질변화를 느끼면 pH쇼크 등을 일으켜 최악의 경우에는 죽을 수도 있다. 천천히 물맞댐을 해주자. 자세한 방법은 p.77에서 소개하겠지만, 이들 작업이 얼마나 중요한지 먼저 알아두길 바란다.

열대어를 잘 기르기 위한 기본적인 노하우 • SECTION 2

01 수조 덮개를 열고 비닐봉지째 물에 띄운다. 계절에 따라 차이가 있지만 10~30분 정도 띄워두면 된다.

02 온도가 맞춰지면 플라스틱통이나 양동이 등의 용기에 붓는다. 비닐봉지에 물고기가 남지 않도록 주의한다.

03 물고기를 옮겨놓은 통에 에어호스를 사용하여 수조의 물을 넣는다. 물방울이 똑똑 떨어질 정도로 양을 조절한다.

04 물을 조금씩 넣으면서 샵에서 구입한 물고기를 집에 있는 수조의 수질에 천천히 적응시킨다. 원래 있던 물의 2배 정도가 되면 끝낸다.

온도맞댐, 물맞댐 순서

| 비닐봉지째 수조에 띄워 온도맞댐 | ➡ | 플라스틱통 등에 붓는다 | ➡ | 약 10분에 걸쳐 물의 양이 2배가 될 때까지 수조의 물을 추가한다 |

BASIC TECHNIQUE FOR KEEPING TROPICAL FISHES

18

《 물맞댐 순서와 수조에 넣기 》

상처를 입지 않도록 재빨리

물맞댐을 할 때 당황하지 말자

물맞댐 방법을 좀 더 자세히 알아보자. 플라스틱통과 에어호스, 고무흡착판, 금속밸브를 준비한다. 에어호스를 사용하여 수조의 물이 플라스틱통 안으로 조금씩 떨어지게 하면 된다.

우선 수조 바로 아래에 플라스틱통을 놓는다. 준비한 에어호스를 수조의 물속에 10㎝ 정도 집어넣고 나머지를 밖으로 빼서 늘어뜨린 다음, 플라스틱통의 가장자리보다 3㎝ 정도 더 내려오게 자른다. 에어호스의 한쪽 끝에 고무흡착판을 끼운다. 고무흡착판은 에어호스가 딱 맞게 들어가는 사이즈를 선택한다. 수조 안쪽에 고무흡착판을 붙이고, 반대쪽 끝에는 금속밸브를 연결해 물방울이 플라스틱통 안으로 떨어지도록 위치를 조절한다. 밸브를 연 다음 수조의 물이 나올 때까지 입으로 살짝 빨아들인다. 그러면 사이펀(siphon)의 원리에 의해 수조의 물이 플라스틱통 안으로 떨어진다. 물이 조금씩 떨어지도록 밸브를 조절한다.

플라스틱통에 있는 원래의 물(샵에서 가져온 물)에 수조의 물이 섞여 원래의 2배 정도가 되면 물맞댐 작업이 모두 끝난다. 이로써 물고기도 수질변화에 어느 정도 익숙해지게 된다. 시간이 너무 오래 걸리면 수온변화 등이 발생할 수 있으므로 물고기의 상태를 관찰하면서 적절한 타이밍을 맞춘다. 이제 플라스틱통에서 물고기만 건져서 수조로 옮긴다. 물고기를 건질 때는 보통 뜰채를 사용하지만, 비늘에 상처가 날 수도 있으므로 맨손으로 건지는 사람도 있다.

열대어를 잘 기르기 위한 기본적인 노하우 ● SECTION 2

물맞댐이 끝나면 물고기만 건져서 수조로 옮긴다. 뜰채로 건지면 빨리 옮길 수 있다. 겁을 내다가 오히려 사고를 내는 경우도 있으므로 침착하게 행동하자.

이것으로 구피 수조가 완성되었다. 아직은 익숙하지 않아 순서가 헷갈리기도 하고 물을 다루기 어렵게 느껴질 수도 있지만, 경험을 쌓으면 점점 익숙해진다.

드디어 수조 안에서 헤엄치는 구피를 바라볼 수 있게 되었다. 집 안에 물이 있고, 그 속에서 살아 숨쉬는 생물이 있으면 마음이 한결 편안해진다.

BASIC TECHNIQUE FOR KEEPING TROPICAL FISHES

19

《 물고기를 관찰하자 》

물고기의 몸상태를 파악한다

베테랑과의 차이

물고기를 기를 때 초보자와 베테랑은 물고기의 상태를 구분하는 방법에서 가장 큰 차이를 보인다.

초보자의 눈에는 같은 종류의 물고기가 모두 같아 보인다. 하지만 물고기는 공장에서 똑같이 찍어내는 물건이 아니라 살아 있는 생물이다. 샵에 있는 물고기 중에서도 상태가 좋고 건강한 물고기부터 건강하지만 질병이 있는 물고기, 질병은 없지만 체력이 떨어져 야윈 물고기, 헤엄은 치지만 질병 때문에 체력을 잃고 죽어가는 물고기까지 다양한 물고기가 있다. 베테랑은 이러한 물고기를 구분해낼 수 있다. 집에 있는 수조 속 물고기를 보면서도 상태가 나빠진 것을 재빨리 알아차리고 물갈이를 해주거나 치료를 하는 등 대처할 수 있다. 바로 이것에서 물고기를 잘 기를 수 있는지 없는지 차이가 난다.

수조에 물고기를 넣은 뒤에는 일단 자세히 관찰한다. 지느러미가 잘리지는 않았는지, 비늘이 붉게 변하지는 않았는지, 피부의 윤기는 어떤지, 눈에 생기가 있는지, 아가미가 빨갛게 짓무르지는 않았는지, 호흡이 빠르지는 않은지, 다른 물고기에게 쫓기고 있지는 않은지, 배가 불룩 튀어나오지는 않았는지, 몸이 지나치게 부풀지는 않았는지 등을 살펴보자.

처음에는 잘 구분할 수 없겠지만, 꾸준히 관찰하다 보면 조금씩 알 수 있게 될 것이다. 가장 빠른 지름길은 베테랑 사육자가 기르는 상태가 정말 좋은 물고기를 구경하는 것이다. 100점 만점 상태의 물고기가 얼마나 아름다운지를 알면, 그것을 기준으로 삼을 수 있다.

이번에 구입한 외국산 구피. 가격이 높은 일본산 구피는 혈통이 확실하고, 지느러미도 더 크며 아름다운 색을 띤다.

가격이 저렴한 물고기는 샵에 있을 때도 상태가 별로 좋은 편이 아니지만, 그중에서 좋은 물고기를 골라 열심히 기르면 점점 아름답게 변해가는 즐거움을 맛볼 수 있다.

BASIC TECHNIQUE FOR KEEPING TROPICAL FISHES

20

《 어떤 먹이를 주어야 할까? 》

물고기의 종류에 맞는 먹이를 준다

샵에서는 놀랄 만큼 다양한 종류의 먹이를 판매하고 있다. 먹이를 구입할 때도 직원에게 상담하는 것이 좋다.

어떤 먹이가 좋을까?

먹이를 주는 것은 물고기를 기르는 즐거움 중 하나다. 수조에 뿌려준 먹이를 물고기들이 열심히 먹는 모습은 보고 있기만 해도 즐겁고, 또 물고기의 상태를 관찰할 수 있는 좋은 기회다.

샵에 가면 판매하는 먹이의 종류가 정말 다양하다는 사실에 깜짝 놀랄 것이다. 초보자용으로 알려진 물고기는 먹이를 먹지 않는 일이 거의 없지만, 베테랑용으로 알려진 물고기 중에는 먹이를 잘 먹지 않는 물고기도 있다. 이런 물고기를 위해 다양한 종류의 먹이가 존재하는 것이다. 입에 물기 쉬운 생사료 등은 물을 더 쉽게 오염시킨다. 처음에는 물을 잘 오염시키지 않고 영양적으로도 균형잡힌 일반적인 인공사료를 주는 것이 좋다.

열대어를 잘 기르기 위한 기본적인 노하우 • SECTION

지금 기르는 물고기에게 가장 적합한 먹이를 고른다

| 인공사료 | 가장 일반적인 먹이로, 각각의 물고기에게 맞는 형태와 영양소를 갖추어 물고기가 즐겨 먹을 수 있게 했다. 생사료보다 영양의 균형이 잡혀 있다. |

형태	특징
플레이크형	예부터 열대어 사료로 많이 사용된 형태로, 소형 물고기라면 모두 먹을 수 있다. 물에 뜨는 성질이 있다.
과립형	알갱이가 작은 것은 소형 물고기에게 적합하며, 큰 것은 디스커스 같은 대형 물고기에게 적합하다. 물에 뜨는 제품과 가라앉는 제품이 있다.
타블렛(알약)형	물에 가라앉는 사료로, 바닥에서 생활하는 코리도라스 등 메기 종류나 쿨리로치 같은 미꾸라지 종류에게 적합하다.
가루형	매우 고운 분말상태 사료로, 갓 태어난 치어나 아직 어린 물고기에게 적합하다. 평소에는 거의 사용하지 않는다.

| 생사료 | 냉동한 깔따구유충이나 실갯지렁이, 디스커스용 햄버그 등 상온에 보관할 수 없는 먹이를 가리킨다. |

종류	특징
냉동 깔따구유충	물고기가 좋아하는 먹이로 과거에는 살아 있는 것도 금붕어 가게나 열대어 가게에서 구입할 수 있었지만, 지금은 냉동제품만 구할 수 있다. 시판되는 이름은 「냉동 장구벌레」 줄여서 「냉장」이지만, 실제 내용물은 냉동 깔따구유충이다.
냉동 실갯지렁이	이것도 예전에는 살아 있는 것을 구할 수 있었지만, 관리가 번거로워 냉동제품으로 바뀌었다. 물을 오염시키기 쉬우므로 줄 때 주의한다.
디스커스용 햄버그	육식을 좋아하는 디스커스나 엔젤피시 등 시클리드과의 물고기를 위한 먹이로, 소의 염통 등으로 만든다.

| 생먹이 | 금붕어나 송사리, 작은 새우 등 살아 있는 먹이를 가리키는 말로, 생사료와 구별해서 부른다. 아로와나처럼 생먹이가 아니면 거의 먹지 않는 물고기도 있다. |

BASIC TECHNIQUE FOR KEEPING TROPICAL FISHES

21

《 먹이의 양과 주는 시간 》

너무 많이 주는 것이 수질 저하의 가장 큰 원인이다

먹는 모습을 관찰하자

샵에서는 식물성 경향이 강한 사료나 냄새가 강한 기호성 사료 등 다양한 사료를 판매한다. 구피는 일반사료로 충분하지만, 마니아들을 위한 구피 전용사료도 있다. 하지만 일반적인 플레이크형(얇고 납작한 조각 모양) 사료나 가루사료로도 충분하다.

중요한 것은 사료의 양이다. 초보자 중에는 먹이를 주는 재미에 빠져 사료를 너무 많이 주다가 수질을 악화시키는 경우가 많다. 먹이를 자주 주고 싶어도 수질 저하를 일으키지 않도록 자제하자.

먹이는 하루에 두 번, 아침저녁으로 주는 것이 좋다. 한 번 주는 양은 1분 정도에 다 먹을 수 있는 양이 적당하다. 손끝으로 사료를 살짝 집어 물 위에 떨어뜨리면 구피들이 몰려들어 먹기 시작한다. 물속으로 가라앉는 사료를 쫓아가면서 열심히 먹을 것이다. 사료가 거의 사라지면 한 번 더 준다. 이 과정을 1분 동안 몇 번 반복한다. 물고기의 수나 손끝으로 집는 양에 따라 물 위에 뿌린 사료가 사라지는 시간이 달라지므로, 보통 1분 동안 사료를 다 먹는 것을 기준으로 삼는다. 그 이상 주어도 여전히 먹기는 하지만, 그보다 더 주면 남기기 때문에 정해진 시간에만 주고 멈추는 것이 중요하다. 사료를 먹다 남기면 수질을 악화시키므로 주의한다. 사료의 양이나 사료를 주는 때를 달리하지 말고 정해진 시간에 규칙적으로 주는 것이 중요하다.

SECTION 2 • 열대어를 잘 기르기 위한 기본적인 노하우

물고기가 배부르게 느낄 타이밍을 알게 되면 사료를 지나치게 주는 일이 없어진다. 그러려면 물고기를 자세히 관찰하는 것이 중요하다.

지금 준 사료는 테트라의 테트라민으로, 매우 일반적인 사료다. 다양한 물고기에게 사용할 수 있는 열대어용 사료로 영양적으로도 균형잡혀 있다. 물론 구피 전용사료도 따로 판매한다.

플레이크형 사료. 물고기의 종류에 따라 손끝으로 더 잘게 부수어 줄 수도 있다.

BASIC TECHNIQUE FOR KEEPING TROPICAL FISHES

22

《 먹이 주는 시간은 열대어 체크타임 》

변화를 놓치지 않고 관찰하는 것이 중요하다

확인하는 습관을 기르자

수조 안에서 물고기가 헤엄치기 시작하면 수조를 바라볼 기회도 많아진다. 물론 가만히 보고만 있어도 즐겁겠지만, 실제로 물고기를 기르다 보면 점검할 일들이 많이 생긴다.

우선 물고기가 살아 있는지 확인하는 일이 가장 중요하다. 죽은 물고기를 수조 안에 방치하면 수질이 저하되어 다른 물고기까지 죽는 악순환이 발생할 수 있으므로 물고기가 죽으면 서둘러 사체를 건져낸다. 물고기의 상태를 확인하는 것도 중요하다.

또한 각종 기구가 제대로 작동하는지도 관찰한다. 물이 줄어들고 있지는 않은지, 이끼가 비정상적으로 많이 끼지는 않았는지, 수온은 적당하게 유지되고 있는지, 여과장치는 제대로 작동하고 있는지, 조명이 잘 켜져 있는지, 말라붙은 수초는 없는지 등을 꼼꼼히 확인하고, 문제가 있으면 신속하게 대처한다.

매일매일의 수조 체크포인트 9

1. 물고기들이 먹이를 활발하게 먹고 있는가?
2. 움직이지 않고 바닥에 가만히 있는 물고기는 없는가?
3. 물고기의 피부에 이상은 없는가?
4. 수온이 25℃를 유지하고 있는가?
5. 여과기가 제대로 작동하고 있는가?
6. 여과기에서 물이 잘 흘러나오고 있는가?
7. 조명이 켜져 있는가?
8. 수조 주위에 물이 넘치지는 않았는가?
9. 수초가 말라버리지는 않았는가?

SECTION 2 · 열대어를 잘 기르기 위한 기본적인 노하우

열대어를 처음 기를 때는 매일 체크할 내용을 리스트로 만들어두면 편하다. 익숙해지면 한눈에 파악할 수 있게 된다.

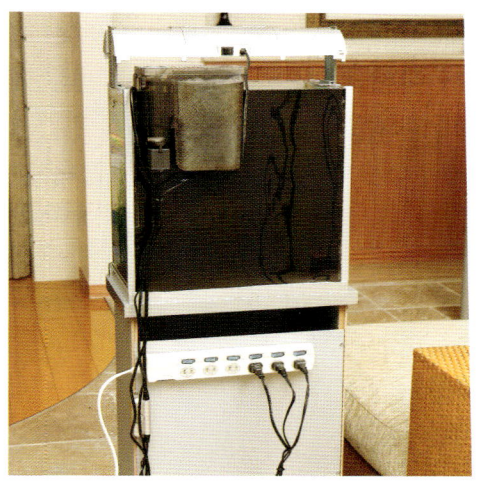

전원과 관련된 문제도 많이 발생한다. 멀티탭을 이용해 여러 개의 전선을 하나로 정리해 높은 곳에 올려놓으면 전선을 타고 물이 흐르는 것을 막을 수 있다.

이럴 때는 어떻게 해야 할까?

상태	원인과 대책
물고기가 바닥에서 움직이지 않는다	히터가 고장나거나 전원플러그가 빠져 있으면 겨울철에는 수온이 낮아져 물고기가 기운을 잃어버린다. 물고기가 이런 상태면 히터를 정상적으로 작동시키고 수온이 서서히 올라가기를 기다린다. 갑자기 뜨거운 물을 부으면 절대 안 된다. 특별한 질병이 있지 않은 이상 차츰 기운을 되찾을 것이다.
물고기의 피부에 흰점이 생겼다	열대어에게 흔히 나타나는 「백점병」이다. 흰점은 일종의 기생충으로, 고온에 약한 성질이므로 수온을 30℃까지 올리면 대부분 죽는다. 약을 사용하는 것도 효과적이지만, 먼저 사용법을 잘 읽는다. 30℃ 정도로 올려도 물고기는 큰 영향을 받지 않는다. 기생충 때문에 몸을 수조 바닥에 비비는 행동을 하기도 한다.
꼬리가 녹듯이 흐물흐물 떨어져 나간다	열대어에게 흔히 나타나는 「꼬리썩음병(꼬리녹음병)」이다. 세포감염으로 발생하는 질병으로 몇 가지가 더 있는데 모두 전용치료제를 사용하는 것이 효과적이다. 단, 치료제를 사용한 후 뒤처리가 어려울 때도 있으므로 평소 여과를 잘하고 수질을 깨끗이 유지하여 질병을 예방하는 것이 중요하다.
여과기에서 물이 거의 흘러나오지 않는다	여과재에 이물질이 쌓이면 물이 제대로 흐르지 않는다. 사육케이스에 수조의 물을 옮겨 담고 여과재를 씻는다. 수초의 마른잎이 들어가 흡수파이프가 막히는 경우도 있으므로 반드시 확인한다. 물이 증발해서 수심이 얕아지면 펌프가 물을 끌어올리지 못해 물이 잘 흐르지 않는 경우도 있다.
수초 잎이 갑자기 많이 떨어진다	샵에서 구입한 수초는 농장에서 수경재배 방식으로 재배되므로 물속에 넣으면 잎이 떨어질 수 있다. 마른잎을 건져내고, 물을 정기적으로 갈아주면 곧 새싹이 나온다. 수질악화도 잎이 떨어지는 원인이 될 수 있으므로 평소에 수질관리를 철저히 한다.

BASIC TECHNIQUE FOR KEEPING TROPICAL FISHES

23

《 중요한 관리와 물갈이 》

축적된 질산염 제거를 위해 필요하다

물갈이는 한달에 한 번, ¼만

물고기를 기르면서 반드시 해야 할 작업이 바로 물갈이다. 물속 오염물을 제거하고 신선한 물을 공급하기 위해 정기적인 물갈이가 필수다.

물갈이를 했다가 수질이 급변하는 바람에 물고기가 죽었다는 사람도 있지만, 그것은 물을 갈아준 양이 너무 많았거나 수온을 제대로 맞추지 못했다는 증거다. 수질변화에 민감한 물고기가 있다면 물갈이하는 양을 줄이고 물갈이 횟수를 늘리는 노력이 필요하다.

물고기는 변화가 서서히 나타나면 자신이 처한 환경에 점차 적응해간다. 즉, pH가 서서히 떨어지는 것은 어느 정도 견딜 수 있지만, 갑자기 원래 수치로 급격히 돌아오면 오히려 충격을 받을 수 있다는 뜻이다. 따라서 pH가 심각한 수준으로 떨어지기 전에 수시로 물갈이를 해준다.

수조 크기에 따라 한 번에 갈 수 있는 물의 양이 달라지기는 하지만, 이 정도 크기의 수조라면 한달에 한 번, ¼ 정도가 적당하다. 수조 크기가 커지면 물갈이 횟수나 갈아주는 물의 양을 줄여도 된다.

물을 뺀 후 새로 넣는 물은 수조의 물에 온도를 맞추고, 염소도 중화해두어야 한다. 수조 안의 pH가 크게 떨어진 경우에는 한번에 많은 양의 물을 붓지 말고 조금씩 넣는다. 물갈이를 할 때 이끼 청소도 함께 해주면 더 좋다. 여과조 청소는 걸이식처럼 간단한 장치는 매번 함께 해주고, 외부식 같은 경우에는 몇 차례에 한 번 정도가 좋다.

열대어를 잘 기르기 위한 기본적인 노하우 • SECTION 2

01 물갈이를 하기 전에 이끼 청소를 해두면 오염물을 빨아내기 쉽다. 스크레이퍼나 멜라민스펀지 등은 샵에서 구입할 수 있다.

02 물갈이를 할 때 수조 바닥에 쌓인 오염물을 최대한 많이 빨아내야 여과기의 부담을 줄일 수 있다.

03 물리적 여과를 중심으로 하는 필터는 손으로 누르면서 닦는다. 이런 방식의 필터는 정기적으로 교체해야 한다.

04 물갈이를 할 때 수조에 새로 넣을 물에도 염소중화제를 넣는다. 수온도 최대한 정확하게 맞춘다.

05 수조에 물을 부을 때는 천천히, 조심스럽게 붓는다. 물고기가 충격받지 않게 최대한 배려한다.

BASIC TECHNIQUE FOR KEEPING TROPICAL FISHES

24

《 pH에 대해 알아보자 》

물고기마다 최적 pH가 다르다

구피는 약알칼리

물이 산성에 가까운지 또는 알칼리성에 가까운지를 나타내는 수치를 pH(페하)라고 한다. 중성에서 7.0이라는 수치를 나타내며 숫자가 커질수록 알칼리성에, 작아질수록 산성에 가깝다. 열대어는 원산지 수질에 따라 사육에 적합한 pH가 있다는 사실을 알아두자.

이밖에 수질을 나타내는 말 중에는 「경수」와 「연수」가 있다. 간단히 말해, 경수는 미네랄워터와 마찬가지로 칼슘이나 마그네슘 같은 미네랄성분이 풍부하게 들어 있다. 연수는 이러한 물질이 적다.

대부분의 열대어에게는 중성보다 산성에 좀 더 가까운 약산성의 연수가 적합하다. 이러한 물고기들이 서식하는 정글의 강과 늪은 마른잎 등이 바닥에 가라앉아 투명한 갈색을 띠는 경우가 많다. 물이 자연스럽게 여과되어 미네랄성분도 적다.

한편, 이러한 물과는 반대로 약알칼리성인 경수 수역에 사는 물고기도 있다. 아프리칸 시클리드라 불리는 열대어 종류는 아프리카에 있는 미네랄이 풍부한 약알칼리성 호수에 산다. 기를 때도 이에 맞춰 수질을 만든다.

구피나 플래티 같은 중미산 난태생 물고기 종류는 중성~약알칼리성의 약간 경수인 물을 선호한다. 원산지의 하천 수질이 그렇기 때문이라고 알려져 있지만, 동남아시아 구피의 양식장 수질이 원인이라는 설도 있다.

열대어를 잘 기르기 위한 기본적인 노하우 • SECTION 2

관상어로 불리는 열대어의 원산지 수질은 대부분 약산성 연수다. 열대 정글 하천이나 늪의 수질과 같다.

아프리카대지구대라고 불리는 장소에 위치한 호수는 약알칼리성 경수다. 뉴기니 일부, 중미 일부 지역의 하천도 마찬가지다.

약산성 연수를 만들기 위해 필요한 것

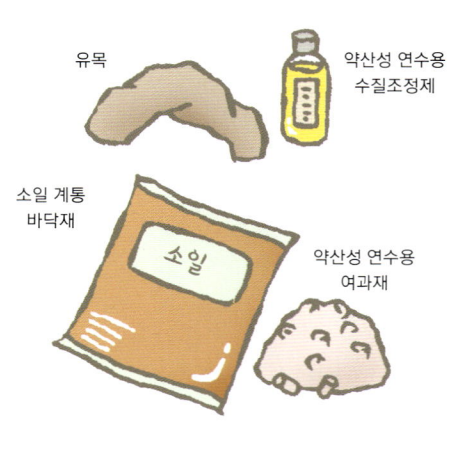

약알카리성 경수를 만들기 위해 필요한 것

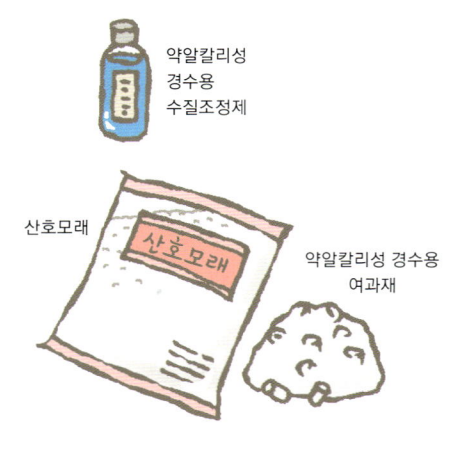

수질은 수조에 넣는 물질에 따라 바뀐다. 산성 수질에 산호모래를 넣으면 모래가 녹아 수질을 알칼리성으로 만든다. 소일이나 유목을 넣으면 약산성이 된다.

이런 물고기에는 이런 수질이 최고

어종	수질
네온 테트라	약산성·연수
제브라 다니오	약산성·연수
수마트라 바브	약산성·연수
베타	약산성·연수
구라미	약산성·연수
엔젤피시	약산성·연수
디스커스	약산성·연수
플라워혼	약산성·연수
아로와나	약산성·연수

어종	수질
코리도라스	약산성·연수
구피	중성~약알칼리성·약간 경수
플래티	중성~약알칼리성·약간 경수
소드테일	중성~약알칼리성·약간 경수
아프리칸 시클리드	약알칼리성·경수
초록복어	약알칼리성·경수에 ½~⅔는 해수

열대어를 잘 기르기 위한 기본적인 노하우 • SECTION 2

오이소모래 : 일본 오이소[大磯] 지방에서 생산되는 보통 자갈. 중성~약알칼리성 물이 된다. 금붕어 수조 등에서 흔히 볼 수 있다. 금붕어나 구피에 적합하다.

규사 : 화강암이 풍화작용으로 잘게 부서진 것으로 오이소모래처럼 수질을 중성~약알칼리성으로 만든다. 이번에 사용한 바닥재가 바로 규사다.

소일 계통 : 인공적으로 만든 관상어용 바닥재로 흙을 구워서 굳힌 것이다. 수초를 기르기에 적합하며, 물을 약산성으로 만드는 경향이 있다.

산호모래 : 해수어를 기를 때 사용하는 산호초 지역의 모래. 조초성 산호의 골격이 부스러진 것으로 산성을 띤 물에 넣으면 녹아나와 수질을 알칼리성으로 바꾼다.

BASIC TECHNIQUE FOR KEEPING TROPICAL FISHES

25

《 시스템을 강화하고 물고기를 늘리자 》

물고기가 늘어나면 여과능력도 필요하다

물고기를 늘리기 전에

구피 기르기에 어느 정도 익숙해지면 다른 종류의 물고기를 길러보고 싶어질 것이다.

새로운 물고기를 들일 때는 그 물고기가 먼저 기르던 물고기를 잡아먹지는 않는지, 함께 길러도 잘 지내는지를 샵에 물어보고 구입하는 것이 좋다.

수조에 물고기를 더 많이 넣는다는 것은 그만큼 많은 먹이를 주게 되어 물이 더러워진다는 뜻이므로, 여기에서는 여과기를 추가로 설치하였다. 걸이식여과기를 1대 더 설치할 수도 있지만, 이번에는 생물학적 여과능력을 향상시키기 위해 소형 수조용 외부여과기를 선택했다.

이 수조에 다른 종류의 물고기를 추가하려면, 선호하는 수질이 같아야 하므로 아무래도 원산지가 비슷한 난태생 물고기 종류를 선택해야 할 것이다. 그중에서도 얌전한 성질의 물고기가 몇 종류 있는데, 이번에는 네온 소드테일과 블랙몰리를 추가했다. 둘 다 인공개량으로 다양한 품종이 개발된 어종의 하나인데, 네온 소드테일은 비교적 원종에 가까운 색채를 띤다. 또 소드테일 종류는 성전환을 하는 물고기로도 알려져 있다. 한 무리 안에 암컷만 있으면 그 가운데 몇 마리가 수컷으로 바뀐다. 블랙몰리는 짙은 흑색을 띠고 있어 수초에 비치는 모습이 아름답다.

난태생 물고기인 네온 소드테일을 추가했다. 수컷은 꼬리지느러미 아랫부분이 검(sword)처럼 뻗어 있다.

또다른 종류로 블랙몰리도 추가했다. 구피처럼 원산지가 중미인 난태생 물고기로 예부터 많은 사랑을 받고 있다.

소형 수조에도 설치할 수 있는 외부여과기인 테트라 재팬의 AX-30을 추가설치했다. 여과능력을 향상시키면 물고기의 수를 어느 정도 늘릴 수 있다.

수조에 붙어 있는 것은 기수갈고둥으로 유리의 이끼를 청소해준다. 의외로 빨리 움직인다.

물고기는 한여름 더위에 약하다. 테트라 재팬의 소형냉각팬인 쿨팬 CF-30.

BASIC TECHNIQUE FOR KEEPING TROPICAL FISHES

26

《 시간이 지나면 수조가 점차 안정된다 》

즐거움이 점점 더 커진다

구피는 수컷과 암컷을 함께 기르다 보면 자연스럽게 새끼를 낳는다. 잘 보살피면 물고기의 수를 점차 늘릴 수 있다.

첫발을 떼고 나면

처음에는 열대어 몇 마리를 기르는 일이 어렵게 느껴질 수도 있다. 수질악화로 물고기를 죽게 할 수도 있고, 물고기가 이동 중에 받은 충격을 견디지 못하고 수조에 넣은 지 얼마 지나지 않아 죽어버릴 수도 있다. 하지만 수조에 넣고 며칠이 지나도 물고기가 건강하게 먹이를 잘 먹는다면 특별히 실수하지 않는 한 수조 안에서 건강하게 잘 지내게 될 것이다.

물고기를 몇 마리 기를 수 있게 되면 다른 종류의 물고기를 더 기르거나 번식에 도전하는 등 더욱 많은 즐거움을 누릴 수 있다.

아마존 소드플랜트는 에키노도루스의 일종이다. 매우 크게 자란 뒤 잎이 나오므로 불필요한 잎은 뿌리에서부터 잘라낸다.

워터스프라이트는 유경초이므로 트리밍할 때는 한번 뽑아서 밑부분을 자른다. 그리고 다시 꽂아둔다.

발리스네리아 종류는 띠모양으로 뻗는다. 수시로 불필요한 끝부분을 잘라주는 트리밍이 필요하다.

에키노도루스 테넬루스를 피그미 체인 소드플랜트라고도 한다. 기는줄기를 뻗어 나가며 점차 늘어난다.

주인에게 익숙해지면 먹이를 준다고 생각해 물고기가 가까이 다가오게 된다.

구피 같은 난태생 물고기는 알을 낳지 않고, 암컷 뱃속에서 알이 부화하여 치어가 된 후에 배에서 나오므로 번식시키기 쉽다. 한 쌍이 함께 헤엄치다 보면 어느새 수조에 작은 구피가 헤엄치는 모습을 볼 수 있을 정도다. 알을 낳는 물고기는 치어 크기가 매우 작기 때문에 기르기가 매우 어렵다.

현재 기르고 있는 암컷 구피의 배가 커지고 검은 부분이 뚜렷해지기 시작하면 새끼를 낳을 징후이므로 산란상자(흔히 부화통이라고 한다)로 옮긴다. 새끼를 수조에서 낳으면 다른 구피에게 잡아먹힐 수 있기 때문이다.

열대어를 잘 기르기 위한 기본적인 노하우 • SECTION 2

레이아웃 작업이 끝나고 물고기들도 물에 익숙해진 40㎝ 수조. 수초도 빛의 방향을 따라서 자라므로 전체적으로 정돈된 느낌이 든다.

구피나 몰리가 새끼를 낳으면 즐거움이 더욱 커진다

조금 자란 블랙몰리의 치어. 수질을 깨끗하게 유지하고 먹이를 수시로 주어야 하지만, 바라보기만 해도 즐거워질 만큼 귀여운 모습이다.

산란상자. 새로 태어난 치어는 틈새를 통해 아랫단으로 떨어져 부모와 분리된다. 같은 곳에 두었다가 부모에게 잡아먹히는 경우도 있다.

산란상자에서 태어난 치어는 칸막이 사이에서 산란상자 아래로 떨어진다. 새끼를 모두 낳으면 부모는 원래 있던 수조로 돌려보내고, 산란상자의 칸막이를 떼어낸 다음 치어를 기른다. 먹이는 치어용 가루 사료를 준다. 상자는 수조와 작은 구멍으로 연결되어 있는데, 물이 오염되기 쉬우므로 수조의 물을 조금씩 넣어 갈아준다. 네온 소드테일이나 블랙몰리도 같은 방법으로 번식시킨다.

수초를 늘리거나, 이끼를 청소하는 새우와 조개 등을 늘려가는 것도 재미있다. 수조 속 생태계 균형을 깨뜨리지만 않는다면 이 정도 크기의 수조에서도 많은 생물체를 기를 수 있다. 이 수조로 부족해지면 크기가 더 큰 수조에 도전해보자. 얼마나 도전하느냐에 따라 열대어를 기르는 즐거움은 더욱 커질 수 있다.

열대어를 잘 기르기 위한 기본적인 노하우 • SECTION 2

SECTION

10 TYPICAL SMALL TANKS
TO ENJOY YOUR AQUARIUM LIFE

10 TYPICAL SMALL TANKS TO ENJOY YOUR AQUARIUM LIFE

01

《 유형별 수조 사육 실천편_ 수초 수조1 》

60㎝ 수조에서 즐기는 첫 번째 수초 수조

Section 3에서는 다양한 유형의 수조를 소개한다.
수조 안에 넣는 물고기나 수초에 따라 다양한 풍경과 분위기를 연출할 수 있다.
먼저 60㎝ 수조의 수초 레이아웃 방법을 살펴보자.
텟짱선생이라 불리는 다바타 데쓰오[田畑哲生] 씨에게 자세하게 배워보자.

유형별 수조 사육 실천편 • SECTION 3

다채로운 풍경을 연출할 수 있도록 다이나믹한 지형을 만든다

먼저 수초에 적합한 도구를 선택한다. 수조는 60㎝ 규격사이즈를 사용했다. 수초를 심을 때 주의할 점은 모두 세 가지다. 첫 번째는 수초를 키울 때 필요한 빛이다. 60㎝ 수조는 18W×3~4등이 필요하다. 이번에는 트윈등 2개를 설치해서 18W×4등이 되었다. 두 번째는 여과기다. 수초가 필요로 하는 이산화탄소를 놓치지 않도록 공기에 사육수가 닿지 않는 외부여과기를 사용했다. 세 번째는 바닥재다. 수초를 키우기 위해 만들어진 소일을 사용했다.

수초 레이아웃은 ASK연구소에서 「텟짱선생」으로 불리는 수초전문가 다바타 데쓰오 씨가 도와주었다.

고토부키의 닥터소일을 사용했다. 물에 씻을 필요 없이 봉지째 바로 부으면 된다.

수조 옆면에서 소일을 쌓은 모습을 확인한다. 사진과 같이 안쪽을 높게 만드는 것이 좋다.

유목을 이렇게 방사형으로 조합하면 하나의 나무뿌리처럼 보인다. 이것도 한 가지 요령이다.

소일에 묻힌 유목은 소일의 높낮이를 고정하는 역할도 한다. 지형에 변화를 주는 것이 포인트다.

후경은 높고, 전경은 낮게 수초를 심는다. 이를 위해 소일 자체의 높낮이도 다르게 만든다.

외부여과기 안에는 클리온의 파워하우스 여과재를 최대한 가득 채운다.

급배수 파이프는 되도록 눈에 띄지 않게 구석에 정리한다.

얼마나 잘 다듬느냐에 따라 수초의 모습이 달라진다

수초를 심기 전에 해야 할 매우 중요한 작업이 있다. 바로 수초 다듬기다.

간단히 말해 수초를 심기 좋게 손질하는 일이다. 수초를 다듬을 때는 수초가 마르지 않게 주의해야 한다. 수초에 항상 물기가 남아 있게 하는 것이 중요하다. 분무기 등을 준비해 작업 중에 수시로 뿌려준다. 반대로 말해 물기만 마르지 않게 신경 쓰면 작업을 서두를 필요가 없다. 1~2시간 정도면 충분하다. 아직 다듬지 않은 수초는 물에 적신 키친타월 위에 올려놓는다.

그리고 수초를 다룰 때는 상하지 않게 조심한다. 수초는 육상식물과 달리 늘 물속에서 지내며 물의 도움을 받아 몸을 지탱한다. 게다가 비나 태풍을 맞을 일이 없어서 매우 부드럽다. 따라서 조심스럽게 다루지 않으면 꺾이거나 손상을 입는다. 이 두 가지 점을 주의하면서 수초 손질을 시작한다.

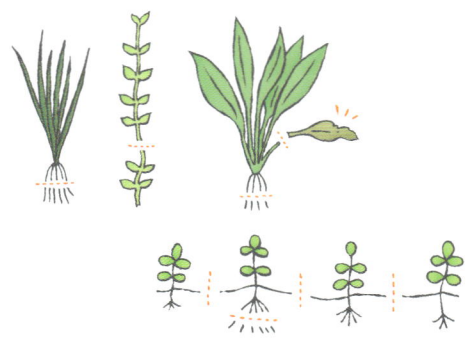

너무 긴 뿌리는 자른다. 상한 잎은 제거한다. 유경초는 적당한 길이로 자른다. 옆으로 줄기를 뻗는 종류는 각각 잘라서 심는다.

초보자도 이산화탄소를 첨가하지 않고 기를 수 있는 수초 7종, 13다발을 선택했다. 트레이 위에 놓고 분무기로 물을 뿌려 수초가 마르지 않게 한다.

판매할 때 납을 감아놓은 수초는 납을 조심스럽게 벗겨낸다. 암면도 제거한다. 수초는 매우 섬세하므로 힘주어 만지지 않도록 주의한다.

줄기의 가장 바깥쪽 잎은 손상된 경우가 많다. 가장 오래된 잎이기 때문인데 조심스럽게 벗겨낸다. 반대로 줄기 중심에는 새싹이 있다.

유형별 수조 사육 실천편 • SECTION 3

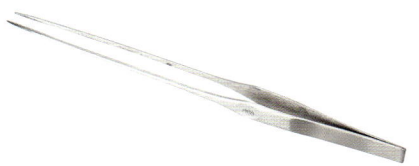

핀셋
심을 때 없어서는 안 되는 도구다. 수초를 심는 섬세한 작업에도 핀셋이 있으면 훨씬 편하다. 수초용 제품을 구입한다.

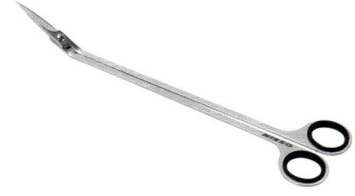

가위
수초를 다듬을 때 반드시 필요하다. 손질을 하거나 마른잎 등을 잘라낼 때 사용한다. 녹슬지 않는 스테인리스 제품이 좋다.

발리스네리아 종류는 흰 줄기 같은 것이 붙어 있는 경우가 많은데, 이것은 꽃눈이다. 쉽게 상하므로 뿌리에서부터 잘라낸다.

마른잎을 발견하면 가위로 잘라낸다. 잎이 달린 부분을 자르면 된다. 상한 잎도 마찬가지로 잘라주는 편이 좋다.

유경초는 줄기 아래 1㎝ 되는 곳을 자른다. 그 부분부터 뿌리가 나온다. 그리고 아랫잎은 수초를 심을 때 소일에 파묻히므로 미리 잘라놓는다.

수초의 아랫줄기가 썩은 경우에는 그 부분에서 한 마디 정도 윗부분을 잘라준다. 잎이 작은 유경초는 아랫잎을 자르지 않아도 된다.

중앙에 심을 식물을 결정하면 전체적인 배치가 쉬워진다

수초를 심을 때는 후경부터 시작해서 중경, 전경 순서로 심는다. 지형을 잘 만들어놓아서 수초 심기가 훨씬 쉬워졌다. 유목으로 소일의 공간을 나누어놓았기 때문에 어디에 어떤 수초를 심어야 할지가 자연스럽게 결정된다. 지형 만들기는 이처럼 수초를 심을 때 전체적인 이미지를 쉽게 그릴 수 있는 효과도 있다.

레이아웃에는 다양한 스타일이 있지만, 이번에는 중앙에 심는 식물을 사용하는 레이아웃에 도전해보았다. 중앙에 심을 식물을 결정하고 나면 전체적인 레이아웃을 잡기가 쉬워진다. 중앙에 심은 식물이 돋보이도록 수초를 주변에 배치해가면 되기 때문이다. 이때 주변 수초를 방해하지 않게 비슷한 잎을 가진 수초는 가까이에 심지 않는다.

핀셋으로 잡을 때는 뿌리 끝부분을 잡는다. 2~3포기를 모아 심으면 풍성해 보인다.

배경 중심에 놓인 유목의 좌우에 수초를 심는다. 유목에 가려져 잘 보이지 않지만 소홀히 하지 말고 제대로 심는다.

아마존 소드플랜트는 잎이 크고 물에 뜨는 힘이 강하다. 뿌리가 소일에 완전히 덮일 정도로 깊이 심는다.

암브리아를 중경 옆쪽에 심는다. 한곳에 모아서 심으면 존재감을 연출할 수 있다.

수초를 다듬을 때 길이를 서로 다르게 잘라서 뒤로 갈수록 점점 높게 심으면 앞에서 보이는 면적이 넓어져서 볼륨감 있게 보인다. 수조를 실제보다 더 넓어 보이게 하는 효과도 있다.

유형별 수조 사육 실천편 ● SECTION 3

조금 떨어진 곳에서 관찰하며 전체적인 균형을 잡아가면서 수초를 심는다.

전경에 심은 피그미 체인 사지타리아. 2~3포기를 함께 심어 볼륨감 있게 연출한다.

한곳에만 심지 말고 유목 앞쪽에 무작위로 심는다.

물고기를 넣으면 수초 레이아웃의 매력이 잘 드러난다. 이번에는 네온 테트라 30마리를 넣었다.

수초 심기가 끝나고 레이아웃이 완성된 모습. 전경을 넓게 비워놓으니 네온 테트라가 모여 있다. 수초가 자라면 더욱 매력적인 수조가 될 것이다.

10 TYPICAL SMALL TANKS TO ENJOY YOUR AQUARIUM LIFE

02

《 유형별 수조 사육 실천편_ 수초 수조2 》

저렴한 이산화탄소 발생기를 사용한 수초 수조

「수초를 아름답고 풍성하게 키워서 네온 테트라들이 그 사이를 헤엄치며 놀게 하고 싶어!」
그런 꿈을 합리적인 가격으로 실현할 수 있는 방법을 수초 수조 전문점 펭귄빌리지가 소개한다.

취재협력 펭귄빌리지 본점 TEL 03-3922-2456

수중엽이라서 안심할 수 있다

도쿄도[東京都] 네리마구[練馬区]에 있는 펭귄빌리지는 수초 판매에 주력하고 있으며, 매장에서도 여러 종류의 아름다운 수초 수조를 전시하고 있다.

대부분의 샵처럼 동남아시아에서 재배한 수상엽을 그대로 판매하는 것이 아니라, 일본에서 한동안 물속에서 길러 수중엽으로 변화시킨 후에 판매하기 때문에 특히 초보자들에게는 반가운 일이 아닐 수 없다. 충분한 설비를 갖추지 못한 초보자의 경우는 수상엽을 수중엽으로 변화시키는 과정에서 수초가 말라버리는 일이 적지 않다. 수중엽을 판매하는 펭귄빌리지라면 이런 걱정 없이 안심하고 수초를 구입할 수 있다. 이 레이아웃 수조도 수중엽으로 이루어져 있다.

조명은 27W의 AXY 450을 사용했다. 여과기는 간단한 수중필터다. 이산화탄소를 합리적인 가격의 뉴트라핀의 내추럴 CO_2 시스템으로 공급하는 것이 포인트다. 발효작용으로 CO_2를 발생시켜 공급하는 간단한 시스템이지만, 형광등의 광량과 균형을 이루어 수초를 더욱 건강하게 해준다.

기르기 쉬운 수초를 선택하는 것만큼이나 초보자에게는 매우 도움이 될 만한 시스템이다.

펭귄빌리지 시간과 노력이 필요한 일이지만, 판매하는 수조에도 수초 레이아웃을 실시할 방침이라며 사용자를 배려하는 펭귄빌리지.

SYSTEM   45㎝ 수조에 발효작용으로 CO_2 첨가

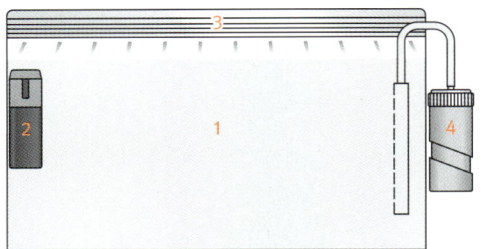

1 수조 : 45×30×30cm(아쿠아 시스템)
2 여과기 : 수중필터 듀엣(아쿠아리움 시스템즈)
3 조명 : AXY 450(아쿠아 시스템)
4 CO_2 발생기 : 내추럴 CO_2 시스템(뉴트라핀)

초보자가 처음 시작하기에 알맞은 45㎝ 수조에 합리적인 가격의 시스템을 조합하였다.

뉴트라핀의 내추럴 CO_2 시스템. 발효작용으로 발생하는 이산화탄소를 이용한다. 가격이 저렴하다는 장점이 있다.

수중필터는 이산화탄소가 공기 중으로 새어 나가지 않는다는 장점이 있다. 아쿠아리움 시스템즈의 듀엣 100.

조명은 아쿠아 시스템의 AXY 450. 27W의 PL관을 사용해 크기에 비해 밝다. 이 수조에 잘 어울리는 조명이다.

유형별 수조 사육 실천편 • SECTION 3

FISH & PLANTS 유경초와 아름답게 빛나는 테트라의 조합

카라신이라고 불리는 가장 일반적인 열대어 종류인 네온 테트라.

비교적 고가인 크리스탈레드 테트라. 투명한 아름다움을 가진 물고기로 기르는 것이 목표다.

왼쪽 안쪽에 배치한 것은 헤테란테라. 양분을 잘 흡수하는 수초로 이끼를 억제하는 효과가 있다.

대표적인 유경초인 위스테리아. 수중엽으로 완전히 변했다.

전경에 심은 수초는 블릭사 쇼트리프. 어린 새 포기가 나오므로 포기나누기를 해서 수를 점점 늘릴 수 있다.

수중엽이 되면 사진에서처럼 붉은색이 늘어나는 루드위지아 레펜스. 잘라서 수를 점점 늘릴 수 있다.

10 TYPICAL SMALL TANKS TO ENJOY YOUR AQUARIUM LIFE

03

《 유형별 수조 사육 실천편_ 수초 수조3 》

소형 수조에 소형 봄베로 CO_2 첨가

작으니까 간단하다, 작으니까 쉽게 할 수 있다……. 반드시 그런 것은 아니다.
오히려 작을수록 균형을 맞추기가 어렵다.
이 30cm 큐브에는 어느 정도 요령이 필요한 수초와 물고기를 조합해보았다.

취재협력 파세오 TEL 072-333-3450

잘 보살펴서 아름다워지는 모습을 지켜보자

"오랫동안 잘 보살펴서 물고기의 색이 아름답게 변하는 모습을 직접 확인해보셨으면 좋겠어요." 이 수조를 담당한 파세오의 미즈타 사오리[水田沙織] 씨의 말이다.

상태가 좋은 수조에서 오랫동안 기르면 색이 점차 아름답게 변하는 열대어가 많다. 샵에 들어와 손님에게 팔리기 전까지 임시로 생활하는 매장 수조에서는 당연히 본래의 아름다운 색이 나타나지 않는다고 알려져 있다.

이 수조에 들어 있는 라스보라 에스페이도 그런 물고기의 하나다. pH 5~6 정도의 약산성 수질에서 오랜 시간 안정적으로 키우면 선명한 오렌지색에 뚜렷한 검은 무늬가 나타난다. 단순히 물고기를 「키우는 것」이 아니라 「오래도록 보살핀다는 것」은 곧 건강한 상태를 유지시켜 물고기가 가진 본래의 아름다움을 이끌어낸다는 의미다.

샵에서 사 온 물고기가 자신의 손길에 따라 점점 아름답게 변해가는 것을 느낄 수 있게 되면 열대어 기르기의 또다른 즐거움을 알 수 있게 될 것이다. 이 수조를 봐도 알 수 있듯이 30㎝ 큐브 같은 소형 수조만으로도 이 같은 즐거움을 충분히 느낄 수 있다.

파세오 아름답게 꾸며진 크고 작은 수조가 전시되어 있는 파세오. 이 수조는 전시된 수조 중에서 가장 작은 것 중 하나다.

SYSTEM 소형 봄베로 CO_2 첨가

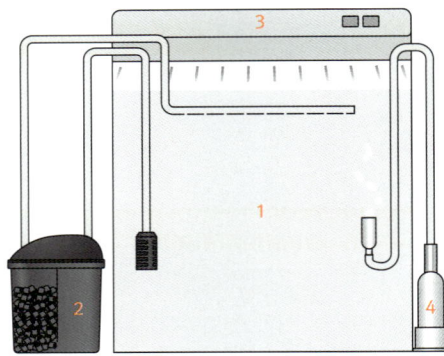

1 수조 : 30×30×30cm(고토부키공예)
2 여과기 : 에드닉 셀토(수도)
3 조명 : 3등식 라이트 30(8W×3·에하임), 픽시네오 (14W·고토부키)
4 CO_2 발생기 : CO_2 어드밴스드 시스템(아쿠아 디자인 아마노, ADA)

30cm 큐브 수초 수조. 인테리어도 아름답고 별로 복잡한 설비도 필요 없으며 조용한 편이다. 초보자라면 꼭 한번 도전해볼 만하다.

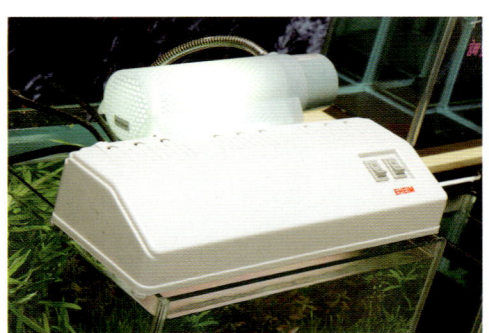

조명은 에하임의 3등식 라이트 30과 고토부키의 픽시네오를 함께 설치했다. 8W×3과 14W로, 총 38W를 확보할 수 있다.

여과기는 에드닉 셀토를 사용했다. CO_2가 유실되지 않아서 소형 수초 수조에 적합하다. CO_2 첨가는 ADA의 CO_2 어드밴스드 시스템을 사용했다.

FISH & PLANTS 오랫동안 기른 라스보라의 아름다운 모습에 주목

오래 기르면 점점 아름답게 변하는 라스보라 에스페이. 떼를 지어 다니면 더욱 아름답다.

보라라스 미크로스 레드. 섬세한 아름다움이 매력인 물고기로 비교적 고가에 속한다.

레드비슈림프도 리시아 사이에 숨어서 놀고 있다. 번식시키고 싶을 때는 다른 수조를 사용한다.

구피와 같이 난태생 송사리 종류인 플래티. 기르기 쉽고 튼튼한 물고기다.

루드위지아 인클리나타. 수중엽이 아름다운 오렌지색을 띤다. CO_2를 첨가하지 않고 키운다.

블릭사 쇼트리프를 키울 때는 비료와 CO_2를 첨가하는 것이 좋다. 사진 속 수초의 상태는 좋은 편이다.

10 TYPICAL SMALL TANKS TO ENJOY YOUR AQUARIUM LIFE

04

《 유형별 수조 사육 실천편_ 수초 수조4 》

사 온 그대로 꾸미는 간편한 수초 수조

수초 수조라고 하면 핀셋 등으로 꼼꼼하고 섬세하게 꾸며야 한다는 이미지가 있지만,
판매상태 그대로의 수초로도 아이디어에 따라 다양하게 즐길 수 있다.

취재협력 B-BOX 아쿠아리움 TEL 048-998-5625

간단하면서 재미있다

수초 수조는 왠지 손이 많이 갈 것 같지만, 최근에는 판매방법이 다양해지면서 수조에 심은 상태로 구입해 즐길 수 있는 수초도 많이 나오고 있다. B-BOX가 제안한 이 수조는 이런 상품을 원하는 소비자를 겨냥해 다양한 노력을 기울여 구성한 것이다.

예를 들어, 유목에 고정시킨 아누비아스 나나가 놓여 있거나, 윌로모스나 루드위지아가 화분째 놓여 있는 식이다. 코브라그라스도 모판째 설치되어 있다. 미크로소리움은 흡착판이 달린 유목에 활착시켜 수조면에 고정시켰다. 또 수초도 CO_2를 첨가하지 않고 액체비료만 주어 기를 수 있는 종류로 골랐다. 아무래도 초보자들에게는 CO_2 첨가가 어렵게 느껴질 수 있기 때문이다.

물고기는 욕심을 조금 부려서 구피를 선택했다. 고가의 일본산 구피가 수조 속에서 마음껏 헤엄칠 수 있게 했다. 일본산 구피는 조금 비싸지만, 외국산 구피보다 상태가 좋아 초보자도 쉽게 기를 수 있다. 아름다운 일본산 구피 덕분에 수조가 빛난다.

B-BOX 아쿠아리움 물고기 상태가 좋은데다 대형 매장답게 다양한 상품을 갖추고 있어 인기가 높다.

SYSTEM 테트라 제품으로 통일한 시스템

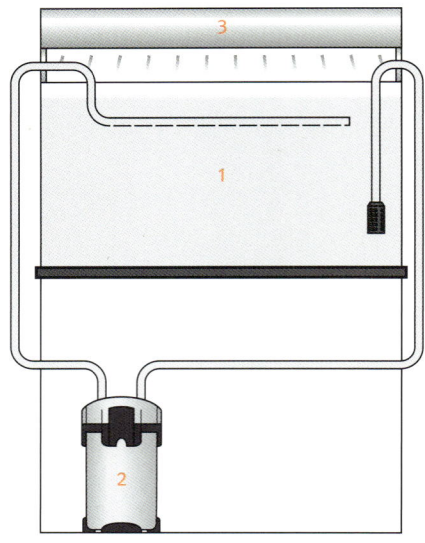

1 수조 : 60×30×40cm 라운드글라스 아쿠아리움 RG-60(테트라)
2 여과기 : EX 파워필터(테트라)
3 조명 : 리프트 업 라이트 LL-60(24W·테트라)

수조 내의 수초 배치와 깔끔한 구성이 이번 B-BOX 레이아웃의 특징이다. 수조는 테트라 RG-60, 수조받침대는 CS-60을 사용했다.

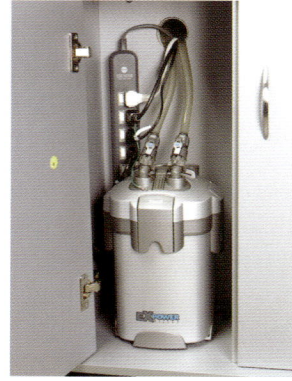

시스템은 테트라 제품으로 통일했다. 조명은 테트라의 리프트 업 라이트 LL-60(24W). 조명 높이를 조절할 수 있다.

여과기는 테트라의 EX 파워필터 75를 사용했다. 외부여과기는 공기와 접촉하지 않아 CO_2가 유실될 염려가 적어 수초 수조에 적합하다.

유형별 수조 사육 실천편 • SECTION 3

FISH & PLANTS 화려한 일본산 구피와 기르기 쉬운 수초로 구성

일본산 레드테일 10마리가 헤엄치고 있다(국내에서는 플라맹고 구피라고 한다). 녹색 수초를 배경으로 아름다운 붉은색이 선명하게 빛난다.

일본산 블루그라스. 일본 구피는 품종이 고정되어 있어서 번식시켜도 잡종이 생기지 않는다.

일본산 저먼옐로텍시도는 구피의 화려함을 잘 보여준다. 10마리가 헤엄치고 있다.

남미 윌로모스는 포트째 모래에 반쯤 파묻히도록 배치하였다.

흡착판으로 수조면에 고정시킨 미크로소리움. 취수 파이프 등을 가릴 때 편리하다.

루드위지아 페루엔시스 다이아몬드. 유경초이므로 생장하면 잘라서 다시 심는다.

10 TYPICAL SMALL TANKS TO ENJOY YOUR AQUARIUM LIFE

05

《 유형별 수조 사육 실천편_ 수초 수조5 》

60㎝ 수조에서 본격적으로 즐기는 수초와 엔젤피시

풍성하게 우거진 수초와 그 앞에서 헤엄치는 엔젤피시.
초보자가 열대어를 처음 기르기 시작했을 때부터 꿈꿔온 모습이 바로 여기에 있다.
성공의 열쇠는 바로 약산성 환경과 CO_2 첨가, 형광등 3등의 강한 조명이다.

유형별 수조 사육 실천편 • SECTION 3

60㎝ 수조로 이렇게까지 할 수 있다

누구나 가지고 있을 만한 60㎝ 규격수조로 이 정도로 멋진 세계를 만들어낼 수 있다니……. 보는 순간 감탄하게 될 펫벌룬의 레이아웃 수조.

소일을 사용하여 약산성 물과 수초에 적합한 토양을 구성했다. 그리고 에키노도루스 테넬루스라는 짧은 수초를 심어 물고기들이 헤엄칠 수 있는 공간을 확보했다. 안쪽에는 로탈라 로툰디폴리아라는 유경초를 중심으로 하여 볼륨감 있는 배경을 만들었다. 그 사이에 멋스러운 모양의 유목을 배치하여 포인트를 주었다.

아쿠아 디자인 아마노(ADA)의 어드밴스드 시스템을 이용해 CO_2를 첨가하고, 닛소의 리얼 인버터 라이트 600으로 54W(18W×3)의 대광량을 확보한 것이 이렇게 수조를 풍성하게 자라게 한 원동력이다. 사용자들이 조금만 노력하면 구할 수 있는 이런 시스템을 활용해 이처럼 박력 넘치는 물속 풍경을 만들어내다니 역시 전문가의 솜씨답다. 반대로 말하면 우리 같은 초보자들에게는 좋은 목표가 될 만한 수조라고 할 수 있다.

밀도감 있는 레이아웃인데도 물고기를 위한 넓은 공간을 솜씨 좋게 확보한 덕분에 카디날 테트라와 엔젤피시가 기분 좋게 헤엄칠 수 있다.

펫벌룬 사우스점 간사이 지방의 열대어팬이라면 누구나 알고 있는 펫벌룬. 초보자부터 베테랑까지 누구나 만족할 만큼 다양한 상품을 갖추고 있다.

SYSTEM 에하임과 CO_2 첨가로 본격적인 시스템 구성

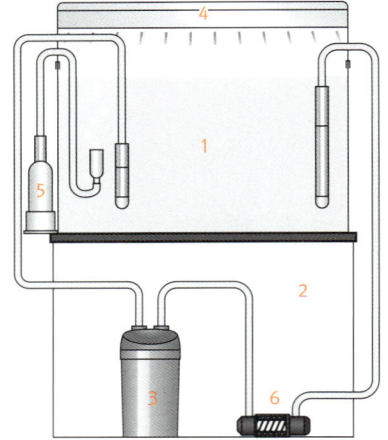

1 수조 : 60×30×36cm 리글라스 R600(고토부키공예)
2 수조받침대 : 리글라스 스탠드 600(고토부키공예)
3 여과기 : 에코 컴포트 2233(에하임)
4 조명 : 리얼 인버터 라이트 600(18W×3·닛소)
5 CO_2 발생기 : CO_2 어드밴스드 시스템(ADA)
6 살균등 : 터보 트위스트 3X(가미하타)

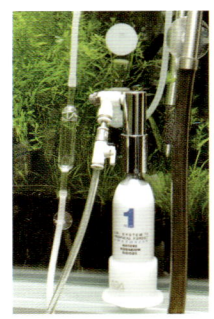

CO_2 첨가를 위해 아쿠아 디자인 아마노(ADA)의 어드밴스드 시스템을 사용했다. 평가 높은 수초에 대표적으로 사용하는 기구라고 할 수 있다.

여과기는 에하임의 에코 컴포트 2233을 사용했다. 살균등은 가미하타의 터보 트위스트 3X를 사용했다.

수조받침대와 수조는 고토부키공예의 리글라스 시리즈를 사용해 인테리어 효과를 높였다.

조명은 닛소의 리얼 인버터 라이트 600이다. 수초 성장을 위해 18W×3, 총 54W의 광량을 확보다.

FISH & PLANTS 우아한 엔젤피시와 카디날 테트라가 함께 헤엄친다

엔젤피시는 크기가 작은 종류를 다양하게 넣었다. 다 자라면 이 수조가 비좁게 느껴질 것이다.

지느러미가 아름답게 뻗어 있는 삼색 엔젤피시. 우아하게 헤엄치는 모습을 집 안 수조에서 바라보고 싶다.

네온 테트라와 달리 복부의 빨간 부분이 몸 전체로 이어져 있는 카디날 테트라.

오른쪽 안쪽에 있는 로탈라 로툰디폴리아가 수조 레이아웃에 풍부한 색채감을 더해준다.

싱그러운 로탈라 그린. 로탈라도 사람마다 활용하는 방법이 달라서 배울수록 점점 더 궁금해지는 수초다.

오른쪽에 악센트를 주는 크립토코리네 웬드티. 키우기 쉽다.

10 TYPICAL SMALL TANKS TO ENJOY YOUR AQUARIUM LIFE

《 유형별 수조 사육 실천편_ 수초 수조6 》

투명한 아름다움, 아프리칸 시클리드의 매력

최근 팬이 급격히 늘어나고 있는 아프리칸 시클리드.
다른 열대어와 달리 약알칼리성 물을 좋아하고, 외모도 습성도 개성적이다.
약알칼리성 물에서도 기를 수 있는 강한 수초와 조합해보았다.

취재협력 도쿄 선마린 TEL 03-5243-1411

약알칼리성 물을 좋아한다

전 세계 남쪽지방 하천이나 호수, 늪에 사는 열대어는 대부분 토양 등의 영향으로 약산성 물을 좋아한다. 그러나 아프리카 동남부 대지구대에 위치한 말라위호수, 탕가니카호수에 사는 아프리칸 시클리드 종류는 이들 호수가 약알칼리성인 관계로 약알칼리성을 좋아하는 매우 드문 물고기다.

이러한 태생과 사육법은 물론 생김새나 습성 또한 이국적인 것이 바로 아프리칸 시클리드의 매력이다. 입 안에서 치어를 키우는 마우스브루더(mouthbrooder)가 많은데다, 고둥 껍질 속에 알을 낳는 등 재미있는 습성이 많다. 또 시클리드는 고립된 호수에서 독자적으로 진화해온 만큼 변종이 매우 많아 수집가치가 높다. 이 또한 시클리드가 인기를 끄는 비결 가운데 하나일 것이다.

시클리드를 기를 때는 약알칼리성 수질을 재현하기 위해 산호모래를 사용하는 경우가 많은데, 여기서는 산호모래와 여과재 그리고 pH조정제를 사용하여 약알칼리성 수질을 유지했다.

수초는 일반적으로 약산성 물에서 자라기 때문에 시클리드와 잘 어울리지 않지만, 수질에 강한 종류의 수초를 골라 수조 안에 배치했다. 그 결과 레이아웃에 변화를 주기 어려운 시클리드 수조를 독자적인 스타일로 소화해냈다.

도쿄 선마린 1층은 열대어, 2층은 용품과 해수어, 3층은 디스플레이용 수조와 카페 공간으로 이루어져 있는 매우 편안한 매장이다.

SYSTEM   에하임 여과기에 메탈헬라이드 램프를 조합

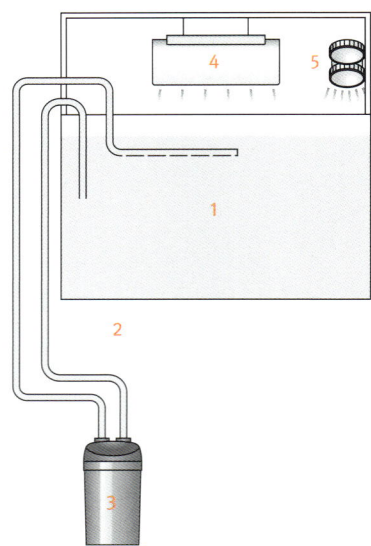

1 수조 : 60×30×45cm(아쿠아 시스템)
2 수조받침대 : (아쿠아 시스템)
3 여과기 : 에코 컴포트 2232(에하임)
4 조명 : 판넬 150(150W·가미하타)
5 조명 : 아즈로 듀에(구라마타산업)

여과는 외부여과기 에코 컴포트 2232를 이용했다. 수조 안에 에어레이션도 실시했다.

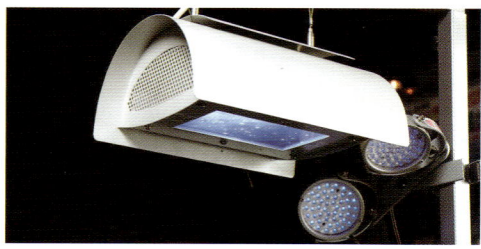

가미하타의 메탈헬라이드 램프 판넬 150W를 사용했다. 구라마타의 블루 LED가 독특한 분위기를 만든다.

아쿠아 시스템의 수조와 수조받침대는 인테리어 효과가 뛰어나다. 바닥재로는 pH에 영향을 끼치지 않는 리얼블랙을 사용했다.

FISH & PLANTS 약알칼리성 물을 만드는 것이 포인트

얌전하고 기르기 쉬운 알토람프롤로구스 칼부스 블랙. 고둥에 알을 낳는다.

알리라는 이름으로 알려진 스키아에노크로미스 프라이어리. 아름다운 푸른색을 띤다.

키포틸라피아 프론토사는 30~40㎝까지 자라므로 원래 대형 수조에 적합하다.

말라위호수에 사는 디미디오크로미스 콤프레시셉스. 유어는 기르기가 조금 어렵다.

아누비아스 나나는 바위나 유목에 고정시키면 활착한다. 환경변화에도 강한 수초다.

흔히 볼 수 있는 아마존 소드플랜트도 수질변화에 강해 키우기 쉽다.

부담 없는 크기의 큐브는 거실 탁자 위에 올려놓을 수도 있다.
이렇게 하면 가족과 손님 모두 언제든지 바라볼 수 있다.

10 TYPICAL SMALL TANKS TO ENJOY YOUR AQUARIUM LIFE

07

《 유형별 수조 사육 실천편_ 레드비슈림프 수조 》

소형 큐브에 레드비슈림프를 키워보자

빨강과 하양의 강렬한 대비가 시선을 끄는 작은 새우.
수초 위에서, 유목 위에서, 여러 개의 다리를 바쁘게 움직인다.
누구나 미소짓게 만드는 레드비슈림프를 이제 집에서도 감상할 수 있다.

취재협력 무네치카 피시 팜 TEL082-425-2306

유형별 수조 사육 실천편 • SECTION 3

책상 위에도 얼마든지 올려놓을 수 있다

아무리 커도 3㎝가 채 되지 않는 알록달록 작은 새우. 수초에 비친 선명한 색상과 바쁘게 움직이는 귀여운 모습 때문에 레드비슈림프는 최근 큰 인기를 끌고 있다.

레드비슈림프뿐만 아니라 모든 갑각류는 물고기 이상으로 수질에 민감하다. 따라서 사육 난이도는 조금 높은 편이지만, 핵심만 잘 알아두면 얼마든지 키울 수 있다. 물론 되도록 큰 수조에서 기르는 편이 좋지만, 수조를 꼼꼼히 설치한 다음 꾸준히 잘 돌보기만 하면 이런 소형 수조로도 충분하다. 큐브는 작고 귀여워 보이므로 거실 탁자 등에 놓아도 위화감 없이 즐길 수 있다.

사용 아이템   박테리아가 정착하기 쉬운 용품을 준비한다

닛소
클리어 메이트 250 파워세트
25×25×30㎝의 소형 큐브수조. 조명(닛소 프티)과 소형 외부여과기(파워 캐니스터 미니)가 세트로 구성되어 있다.

닛소
미니오토 네오 60
37㎝ 이하 수조용 60W 히터. 서모스탯이 내장되어 26℃±1℃로 제어한다(온도를 낮추는 기능은 없다).

아쿠아 디자인 아마노(ADA)
아마조니아
유기성분이 약산성 물을 만들어주는 소일. pH나 경도를 낮추는 효과도 있어 레드비슈림프가 좋아하는 수질을 만들어준다.

클리온
파워하우스
박테리아가 정착하기 쉬운 고성능 여과재. 담수용은 소프트 타입이다. S, M, L 사이즈가 있는데, 이번에는 S를 사용했다.

클리온
미크로하우스
휴면상태인 박테리아 등이 들어 있어 안정된 물을 빨리 만들 수 있다. 팩 2개와 스틱, 케이스가 들어 있는 키트 상품도 있다.

먼저「살 집」을 준비한다

수조 설치는 서두르지 말고 차근차근

지금 당장 샵에 가서 레드비슈림프를 사고 싶겠지만, 잠깐만 기다리자! 레드비슈림프는 수질에 매우 민감하다. 일단 수조와 그밖의 기구만 구입한 다음, 서두르지 말고 천천히「물을 만드는」작업을 하자.

이 수조에 사용한 용품은 p.131에서 소개한 대로다. 수량이 적은 만큼 박테리아를 정착시켜 수질을 빨리 안정시킬 수 있도록 소일, 여과재, 박테리아는 평가가 높은 제품을 선택했다. 여과기는 세트로 구성된「파워 캐니스터 미니」를 사용했다. 소형이지만 믿을 수 있다. 윌로모스는 활착할 때까지 2~3주 정도 걸리므로 미리 준비한다.

01 수조 안쪽까지 잘 보이도록 앞은 3cm, 안쪽은 7cm 정도로 경사지게 깐다.

02 여과기에 여과재「파워하우스」를 넣어 박테리아 정착력을 향상시킨다.

03 여과기와 히터를 설치한다(아직 전원은 켜지 않는다). 유목이나 수초에 가려지는 장소에 설치한다.

04 유목 위에 윌로모스를 얇게 펴고 끝에서부터 무명실 등을 둘둘 감아 고정한다.

유형별 수조 사육 실천편 • SECTION 3

물이 흐려지지 않게 조심조심 붓는다

콸콸……은 금물

소일은 고운 흙을 작은 알갱이로 굳힌 것이므로 물에 닿으면 조금씩 뭉개지기 시작한다. 따라서 물을 처음 부을 때 가장 흐려지기 쉽다. 일단 물이 탁해지면 좀처럼 맑아지지 않으므로 평평한 판 등을 깔고 물을 붓는다. 그 후 활성탄(카본팩)을 넣어두면 남아 있는 탁한 성분이 빠르게 사라진다.

물을 다 부으면 여과기에 마중물을 넣고 여과기와 히터의 전원을 켠다. 수질이 빨리 안정되도록 「미크로하우스」를 넣는다. 1~2주 정도 지나면 유해한 암모니아를 분해해주는 박테리아가 활발하게 번식해서 안정된 사육수가 된다.

01 높이 들고 콸콸 쏟아 부으면 물이 흐려진다. 평평한 판 등을 깔고 낮은 위치에서 천천히 붓는다.

02 물을 절반 정도 부은 다음 윌로모스를 고정시킨 유목을 놓는다. 소일을 휘저어 뒤섞지 않도록 조심스럽게 내려놓는다.

03 여과기에 마중물을 붓고 전원을 켠 뒤 정상적으로 작동하는지 확인한다. 히터의 전원도 켠다.

04 「미크로하우스」팩은 고성능 건조 박테리아다. 전용케이스에 팩과 스틱을 넣는다.

05 함께 들어 있는 고무 흡착판을 사용해 케이스를 수조 안쪽 벽에 붙인다. 팩은 한달에 한 번 교체한다.

06 물이 여전히 조금 뿌옇게 보일 때는 시중에서 판매하는 활성탄(카본팩)을 넣어두면 좋다.

관찰하기 쉽게 앞쪽을 비워놓고 심는다

유목이나 수초는 안쪽에

유목이나 수초가 늘어날수록 걸을 수 있는 표면적이나 숨을 공간이 늘어나 레드비슈림프가 편하게 느낀다. 단, 앞쪽에 수초를 잔뜩 심지 말고 ⅓ 정도는 비워놓는다. 이 공간에 먹이를 놓아두면 모여드는 레드비슈림프를 더 쉽게 관찰할 수 있다. 수초는 농약을 사용하지 않은 것을 구입한다.

이것으로 수조 레이아웃이 완성되었다. 1~2주 정도 인내심을 갖고 기다리자. 나중에 다른 수조로 옮겨줄 수만 있다면 송사리 등 다른 건강한 물고기를 5마리 정도 잠시 넣어두는 것도 좋다. 송사리가 먹이를 먹고 배출한 배설물을 박테리아가 분해하여 사육에 적합한 물이 완성된다.

01 수초는 안쪽부터 앞쪽을 향해 높이가 점점 낮아지게 심어야 보기 좋다.

02 수초는 되도록 안쪽에 심고 앞쪽은 비워두어 먹이를 줄 때 관찰할 공간으로 남겨둔다.

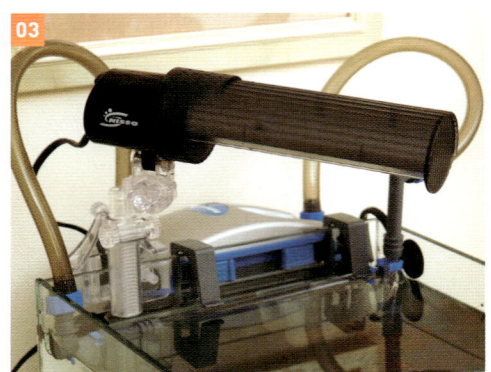

03 수초를 다 심으면 조명을 설치한다. 별도판매하는 타이머를 연결하면 자동으로 전원을 ON/OFF 할 수 있다.

04 송사리 등을 넣어두면 좋다(레드비슈림프를 넣기 전에 꺼내야 하므로 다른 수조에서 기를 수 있을 때만 넣는다).

유형별 수조 사육 실천편 • SECTION 3

조심스럽게 물맞댐을 한 다음 수조로!

시간을 두고 조금씩

그 다음에는 테스터로 수질(pH, 암모니아, 아질산염)을 확인하며 물이 안정되기를 기다린다. 물이 충분히 안정되면 드디어 레드비슈림프를 넣을 차례다. 샵에 가서 발을 바쁘게 움직이는 튼튼한 레드비슈림프를 고른다.

레드비슈림프는 갑자기 낯선 물에 들어가면 쇼크를 받아 죽을 수도 있다. 물고기를 넣을 때보다도 더욱 신중하게 시간을 두고 물맞댐 작업을 한다. 일단 레드비슈림프가 들어 있는 봉지를 그대로 수조에 넣어 수온이 맞춰지기를 기다린다. 그리고 아래 그림처럼 순서대로 물맞댐 작업을 한다. 이렇게 하면 그동안 레드비슈림프가 살았던 물(봉지 속의 물)에서 수조로 무사히 옮길 수 있다.

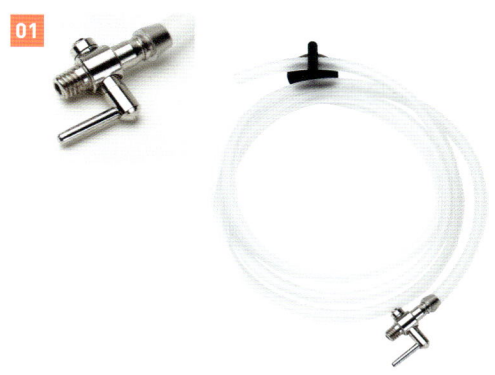

01 밸브가 달린 실리콘 에어호스를 준비한다. 고무흡착판이 달려 있으면 편하다.

02 수온을 맞춘 다음 플라스틱통에 레드비슈림프와 봉지의 물을 쏟는다. 에어호스를 사용하여 수조 안의 물을 똑똑 떨어뜨려 물맞댐 작업을 한다. 자세한 내용은 아래 그림을 참조한다.

01 레드비슈림프를 봉지째 플라스틱통에 쏟고, 통 안의 물높이가 2~3cm 정도가 되도록 줄인다. 호스의 양끝 중에서 밸브가 없는 쪽을 수조에 넣는다.

02 밸브를 열고 호스 안에 있는 공기를 빼내면서 끝에서부터 조금씩 가라앉힌다. 밸브가 없는 쪽이 물속에서 떠오르지 않게 주의한다.

03 끝에서부터 순서대로 공기를 빼낸다(실패하면 밸브가 없는 쪽 끝을 가라앉힌 채로 밸브가 있는 쪽을 수직으로 들어올린다). 공기가 완전히 빠지면 밸브를 잠근다.

04 밸브가 없는 쪽 끝을 고무흡착판으로 안쪽 벽에 고정시키고, 밸브가 있는 쪽 끝을 플라스틱통(수조보다 낮은 위치에 놓는다)에 늘어뜨린다. 밸브를 살짝 열면 물이 나오기 시작한다.

먹이주기와 물갈이는 자주

떼지어 다가오는 모습이 귀엽다

레드비슈림프는 유목이나 수초의 그늘에 숨어 있을 때가 많지만, 발을 부지런히 움직이기만 하면 좋은 상태라고 볼 수 있다. 다른 관리법 중에서 가장 중요한 것은 물갈이다. 레드비슈림프는 먹이를 많이 먹고 배설물을 잔뜩 배출하기 때문에 물이 쉽게 더러워진다. 한꺼번에 많은 양의 물을 갈아주는 것은 위험하므로 「매일 조금씩」 물갈이를 해주는 것이 이상적이다. 크기가 같은 컵 2개를 사용하면 편리하다.

레드비슈림프는 수조 안에 생기는 이끼 등을 먹으므로 먹이를 따로 주지 않아도 문제는 없다. 하지만 수초를 먹어버릴 수도 있으므로 인공사료를 준다. 먹이를 먹기 위해 몰려드는 레드비슈림프를 지켜보는 행복한 시간을 누릴 수 있다.

좋아하는 시금치에 떼지어 몰려드는 레드비슈림프. 무농약 시금치가 있으면 살짝 데쳐서 준다. 남은 시금치는 바로 건져낸다.

하얀 컵에 하룻밤 동안 물을 담아둔다(400㎖ 정도). 다음날 분홍색 컵으로 수조에서 같은 양의 물을 퍼내고 하얀 컵의 물을 넣는다. 이렇게 하면 물갈이를 쉽게 할 수 있다.

태블릿 타입의 비슈림프 전용사료를 추천한다. 무네치카 피시 팜에서 나온 「비슈림프 푸드(18g)」.

유형별 수조 사육 실천편 • SECTION 3

레드비슈림프의 「등급」이란?

애호가들의 등급 분류

레드비슈림프를 구경하러 샵에 가면 가격이 싼 것과 비싼 것이 있다는 사실을 알게 될 것이다. 초보자의 눈에는 아무리 봐도 똑같이 생긴 새우로밖에 보이지 않지만, 마니아들 사이에서는 몸의 무늬에 따라 「등급」이 나뉜다. 이러한 등급이 가격 차이를 만든다.

아주 간단히 설명하면 하얀 부분이 많은 것, 빨간색과 흰색이 뚜렷한 것이 높은 등급이라고 한다. 초보자 입장에서는 일단 등급보다도 무사히 「기를 수 있는가」가 더 중요하겠지만, 이러한 등급에 대해서도 기억해두면 구입할 때 도움이 될 것이다.

SS 타입

일본국기 타입

타이거 타입

진입금지 타입

두꺼운 밴드 타입

대표적인 타입은 다음과 같다. 몸 대부분이 짙은 흰색을 띠는 「SS 타입」, 흰색 바탕에 빨간색 동그라미가 있는 「일본국기 타입」, 배에 빨간색과 흰색 줄무늬가 있는 「타이거 타입」, 빨간색 동그라미에 흰색 선이 그려진 「진입금지 타입」, 빨간색과 흰색 줄무늬가 뚜렷한 「두꺼운 밴드 타입」이 있다.

10 TYPICAL SMALL TANKS TO ENJOY YOUR AQUARIUM LIFE

08

《 유형별 수조 사육 실천편_ 베타 수조 》

손바닥 크기 수조에서 베타의 플레어링을 감상한다

열대어를 기르고 싶지만 아직 자신이 없다?
그렇다면 먼저 유리컵 정도의 적은 물에서 여과기 없이 키울 수 있는 베타를 길러보면 어떨까?

쉽게 기를 수 있지만 매력이 가득

열대어샵에서 작은 병이나 유리컵 안에서 헤엄치는 긴 지느러미의 화려한 물고기를 본 적이 있는가? 그것이 바로 베타다. 베타는 아나바스의 일종으로 아가미덮개 위쪽에 공기호흡을 하는 특수한 미로기관(Labyrinth)이 있다. 이 덕분에 베타는 병이나 유리컵 정도에 담긴 매우 적은 양의 물에서도 기를 수 있다(물론 깨끗한 물에서 키우는 것만큼 좋은 것은 없다).

베타를 좁은 수조에서 단독 사육하는 이유는 또 한 가지가 있다. 베타는 같은 종의 수컷을 함께 두면 격렬하게 싸우기 때문이다. 수조끼리 가까이 두기만 해도 지느러미를 넓게 펼쳐 상대방을 위협하는 플레어링(flaring)을 한다. 이때가 베타만의 매력을 감상할 수 있는 순간이다.

수컷을 한 마리씩 넣은 수조. 서로가 보이지 않도록 사이에 하안색 칸막이를 끼웠다.

사이의 칸막이를 빼는 순간, 상대방의 모습을 알아차리고 지느러미를 활짝 펼쳐 플레어링을 한다.

사용 아이템 미니수조와 먹이만 있으면 오늘부터 키울 수 있다

일본동물약품
나이트 아쿠아리움
받침대에 청색 LED가 들어 있어 불빛이 천천히 깜박인다. 표준상태는 필터가 없으므로 베타에게 안성맞춤이다. 16×16×19cm.

LSS연구소
아티슨 베타 푸드
여과기가 없는 소형수조용으로 개발된 전용사료로, 물을 쉽게 더럽히지 않는다. 사용하기 편한 15g과 75g도 있다.

LSS연구소
아티슨 베타 프로
번식용 사료. 영양이 풍부한 만큼 물을 쉽게 더럽히므로 여과기가 있는 수조에서 사용해야 한다. 용량은 75g.

10 TYPICAL SMALL TANKS TO ENJOY YOUR AQUARIUM LIFE

《 유형별 수조 사육 실천편_ 테라리움 》

물속과 육지의 경치를 함께 즐길 수 있는 시원한 테라리움

수조 안에 육지를 만들어 수중과 육지 그리고 물가의 레이아웃을
하나의 수조에서 즐길 수 있는 것이 테라리움의 매력이다.
어려워 보이지만 일단 한번 설치하면 관리하기는 그다지 어렵지 않다.
일석이조의 효과를 누릴 수 있는 테라리움에 도전해보자.

유형별 수조 사육 실천편 • SECTION 3

보기보다 훨씬 간단하다

테라리움은 물속뿐만 아니라 육지까지 재현하여 즐길 수 있는 수조다. 물이 유목을 타고 흐르는 모습을 보면 기분이 절로 상쾌해진다.

필요한 용품은 일반 수조와 크게 다르지 않다. 수조나 조명기구는 원하는 이미지에 맞는 제품을 선택하면 된다. 여과기는 육지를 만드는 만큼 수면의 위치가 낮아지므로 여과 면적도 넓고 가격도 저렴한 저면여과기를 추천한다.

물의 양이 적으므로 물고기나 새우는 튼튼한 종류를 선택하고, 되도록 작은 수를 키우는 것이 좋다. 육지 부분에 심을 식물로는 열대어샵에서 판매하는 수초뿐만 아니라 일반 관엽식물을 사용해도 상관없다. 직원에게 테라리움에 사용할 수 있는 식물을 문의해보자.

사용 아이템   사각기둥 수조로 세로로 긴 풍경을 만든다

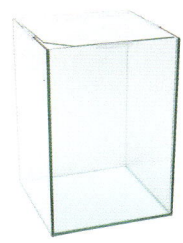

MMC 기획 레드시 사업부
로부스토 30
가로 30×세로 30×높이 45cm의 키가 큰 수조다. 수위를 낮춰도 30cm 큐브수조와 비슷한 수량을 넣을 수 있다. 테라리움에 알맞은 제품이다.

아주 재팬
3D PL 라이트(30cm용)
빛의 투과력이 뛰어나 절전효과가 있는 FL / PL관을 사용했다. 13W이지만 놀랄 정도로 밝다. 투명 플라스틱으로 된 조명스탠드도 함께 들어 있다.

닛소
티포인트 6i
저면여과기, 펌프, 분수기, 저면매트, 호스가 한 세트로 되어 있는 테라리움용 풀세트. 별도판매하는 옵션도 다양하다.

닛소
하이드로 샌드
하나의 수조에서 원예식물 육성과 관상어 사육을 동시에 할 수 있게 개발된 테라리움용 바닥모래다. 물을 정화하는 능력이 뛰어나 유목의 잿물을 뺄 필요도 없다.

드디어 도전! 센스를 발휘할 기회가 왔다!

먼저 전체적인 이미지를 떠올린다

필요한 용품을 모두 준비했으면 테라리움을 설치한다. 저면여과기는 일단 바닥모래를 깔고 나면 옮기기 어려우므로 어디에 무엇을 배치할지 전체적인 레이아웃을 결정한 다음 작업을 시작하는 것이 좋다.

분수기에 연결할 8개 호스는 풀세트에 들어 있는 1개의 긴 호스를 직접 잘라 연결한다. 전부 같은 길이로 자르면 닿지 않는 곳이 생길 수 있으므로 주의한다. 호스도 전체 레이아웃을 구상한 뒤에 적당한 길이로 자른다. 수조 전체에 물이 닿을 수 있도록 생각하면서 호스 8개의 끝을 고정한다. 물을 넣고 수초나 관엽식물을 배치하면 드디어 완성이다.

01 저면여과기에 펌프와 분수기를 설치한다. 펌프 위치는 미리 잘 생각해서 결정한다.

02 저면여과기 설치 완료. 레이아웃대로 오른쪽 안쪽에 설치했다.

03 저면여과기용 울매트를 여과기 크기에 맞춰 잘라 설치했다.

04 분수기에 배수호스 8개를 연결한다. 호스는 각각 다른 길이로 자른다.

05 분수기의 분기부. 설치 후 호스가 막히기 쉬우므로 정기적으로 관리한다.

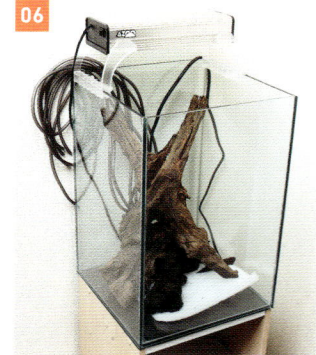
06 육지 부분도 되는 유목을 놓는다. 작은 유목을 여러 개 겹쳐 쌓으면 입체감이 살아난다.

유형별 수조 사육 실천편 • SECTION 3

드디어 도전! 센스를 발휘할 기회가 왔다!

호스에 이물질 등이 들어가 막히기 쉬우므로 정기적으로 관리한다. 한달에 한 번 정도 펌프 전원을 끄고 호스를 모두 빼서 청소한다. 물이 잘 흘러야 수초나 관엽식물도 안정적으로 잘 자란다.

물갈이도 자주 해준다. 수량이 적으므로 일반 수조를 관리할 때처럼 한 번에 ⅓ 정도를 갈아주면 생물체에 큰 부담을 줄 수 있다. 가장 좋은 방법은 물을 빼기 전에 일단 수조의 80%까지 물을 넣는 것이다. 그리고 잠시 기다렸다가 물이 전체적으로 섞이면 원래 수량이 될 때까지 다시 물을 뺀다. 이런 방법으로 하면 안심할 수 있다.

07 시중에서 판매하는 모래삽으로 바닥모래를 넣는다. 빈틈없이 전체에 골고루 깐다.

08 에어호스를 포장용 철사끈으로 고정한다. 너무 꽉 묶으면 수력이 떨어져 호스가 막히는 원인이 된다.

09 호스에서 물이 잘 흘러나오도록 균형을 맞춰 설치한다.

10 물을 넣은 뒤 수중 부분의 수초를 심는다. 전용 핀셋을 사용하면 더 편리하다.

11 육지 부분의 레이아웃. 에어호스가 가려지도록 유목 전체를 덮듯이 수초를 배치한다.

12 이것으로 끝! 시간이 지나 수초가 자리를 잡으면 좀 더 자연스러운 경관이 된다.

생물들은 여과기에 부담이 적은 소형종을 선택한다

수량이 적으므로 물고기나 새우 중에서도 특히 건강한 소형종을 선택하는 것이 좋다. 수도 「조금 적지 않을까」 싶을 정도만 기르는 것이 좋다.

레드체리슈림프
매우 아름다운데다 가격도 저렴하고 튼튼한 소형 새우. 수수한 색이 많은 늪새우 중에서 특히 화려하고 사랑스러운 종이다. 번식도 쉽다.

레드 테트라
「루비테트라」라고도 불릴 만큼 투명한 빨간색이 수초와 잘 어울린다. 다 자라도 2㎝가 채 되지 않는 소형 카라신이다.

아프리칸 램프아이
아이라인 부분이 파랗게 빛나는 송사리과 물고기다. 얼핏 평범해 보이지만, 다른 물고기와 함께 헤엄치는 모습이 무척 아름답다.

코리도라스 팔레아투스
매우 일반적인 종으로 잘 기르면 메탈블루의 아름다운 모습으로 변한다.

조명이 약하고 CO_2를 첨가하지 않아도 잘 자라는 튼튼한 수초를 선택한다

육지 부분에 심는 식물은 일반 관엽식물도 상관없다. 수조의 조명을 쬐기 때문에 일반적인 환경에서보다 더 잘 자라는 점을 고려하여 레이아웃을 구상한다.

아누비아스 나나
튼튼한 수초의 대명사다. 유목에도 활착하므로 기르기 쉽다. 잎이 두껍고 성장도 비교적 느린 편이므로 잎에 이끼가 끼기 쉽다는 점을 주의한다.

크립토코리네 루테아
크립토코리네는 다양한 종이 있지만, 모두 키가 작아 전경을 꾸미기에 적합하다. 마음에 드는 종을 선택하면 된다.

미크로소리움
유통되기 시작한 지 얼마 되지 않은 미크로소리움 내로리프. 환경을 가리지 않는 튼튼한 종이지만, 성장이 조금 느린 편이다.

남미 윌로모스
일반적인 윌로모스와는 달리 잎이 삼각형의 독특한 모양이다. 윌로모스와 마찬가지로 유목 등에 활착시킨다.

관엽식물
육지 부분에는 이러한 일반적인 관엽식물을 사용해도 된다. 필요한 수분과 빛을 공급받으므로 테라리움에도 적합하지만, 구입하기 전에 확인한다.

10 TYPICAL SMALL TANKS TO ENJOY YOUR AQUARIUM LIFE

10

《 유형별 수조 사육 실천편_ 해수어 수조 》

열대어 기르기 다음으로 해수어에 도전해보면 어떨까?

이 책은 기본적으로 담수성 열대어를 다루고 있지만,
요즘 유행하는 해수어에 대해서도 알아두자.
해수어 기르기는 손이 많이 가고 기르기 어려운 만큼 즐거움도 크다.

「열대어」와는 다르다

관상어 세계에서 「열대어」란 「열대성 담수어」를 가리킨다. 따라서 산호초가 있는 바다에 사는 「열대성 해수어」는 열대어에 포함되지 않는다. 관상어 업계에서는 이를 「해수어」라고 부른다(해수에 사는 물고기라고 해도 전갱이나 꽁치 등은 관상어 업계에서 말하는 해수어에 포함되지 않는다).

열대어와 해수어의 가장 큰 차이는 해수어의 경우에 염분을 중심으로 다양한 미네랄을 함유한 해수에서 기른다는 것이다. 해수는 시중에서 판매하는 인공해수를 염소중화제를 넣은 수돗물에 녹여 사용한다. 즉, 해수어는 구피 같은 담수어와는 함께 기를 수 없다.

사용 아이템 — 담수와 가장 큰 차이점은 해수 만들기

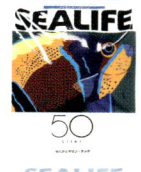

인공해수
해수성분과 비슷하게 만든 분말로 수돗물에 녹여 사용한다. 별도판매하는 수돗물 염소제거제도 넣은 다음 적정온도로 맞춰 사용한다.

라이브락(Live rock)
산호초 지역의 산호바위. 쉽게 말해 죽은 산호의 골격이다. 갯지렁이나 아주 작은 갑각류, 미생물이 살면서 사육에 적합한 환경을 만든다.

산호모래
바닥재로 사용한다. 물이 산성이 되면 산호모래가 녹아 약알칼리성을 유지시켜준다.

먹이
필요한 영양소가 담수어와 다르므로 해수어용 사료를 준비한다. 종류나 용량이 다양하다.

인공해수 만드는 법

01 인공해수는 수돗물 1ℓ당 35~40g을 사용한다. 이렇게 염분이 많이 들어 있다.

02 해수를 만들 때는 큰 용기에 물을 가득 채워 적정온도로 맞춘 다음 인공해수를 녹이는 것이 일반적이다.

03 해수가 만들어지면 비중계로 염분농도를 측정한다. 25℃에서 1.020~1.023 정도의 비중이 알맞다.

화려한 물고기와 산호가 가득

「니모」는 해수어다

영화 〈니모를 찾아서〉로 스타가 된 클라운피시나 블루탱은 모두 해수어. 일반적으로 해수어는 사육수의 변동에 약하고 비중, 수온, 아질산염과 질산염의 농도(이른바 수질오염) 등을 담수어보다 철저하게 관리해야 한다. 담수어보다도 해수어 기르기가 어렵다고 알려진 이유가 바로 여기에 있다.

또 해수어 수조에서는 산호도 기를 수 있다. 산호는 색과 형태가 매우 다양한데, 마음에 드는 산호를 잘 기르면 감상하는 재미가 있다. 물고기보다 산호 위주로 수조를 관리하는 팬도 많다.

말미잘 사이에서 기분 좋게 쉬고 있는 클라운피시들. 말미잘 기르기는 조금 어려운 편이다.

〈니모를 찾아서〉의 「도리」로 유명해진 블루탱이다. 블루탱은 최대 30cm까지 성장한다.

두 눈을 의심할 만큼 아름다운 색을 띠는 물고기도 있다. 사진 속 물고기는 로얄그라마라는 종이다.

시각이 발달하지 않은 새우에게 적이 가까이 다가가면 문절망둑이 위험을 알려준다. 이른바 공생관계다.

건강하고 키우기 쉬운 산호의 하나인 버튼폴립. 초보자에게도 추천할 만하다. 산호는 대부분 광합성을 통해 성장하지만 아주 작은 먹이도 먹는다.

버튼폴립보다 조금 키우기 어려운 모던 코랄(시나리나 브레인으로도 불린다). 물고기보다 산호를 키우기가 더 어렵지만, 그렇기 때문에 더 재미있어 하는 사람도 많다.

이렇게 컬러풀한 수조를 즐길 수 있다

해수어를 본격적으로 기르다 보면 메탈헬라이드 램프, 수조용 쿨러 등 열대어를 기를 때보다 고가의 장비가 필요한 경우가 많다. 그러나 작은 산호초를 집 안의 수조에 만들 수 있다.

아이디어를 발휘하면 60㎝ 수조도 환상적으로 꾸밀 수 있다. 난이도가 있는 산호를 키울 때는 물에 쉽게 더러워지지 않도록 물고기의 수를 적게 한다(도쿄 선마린).

전문가 수준의 산호 수조. 녹색석산호라 불리는 조초성 산호가 계속 자라고 있다(사이타마현·오키쓰 유키오[興津幸男] 씨 집).

SECTION

TROPICAL FISH CATALOGUE

SECTION 4

이것만 알아두면 문제없다
Tropical Fish Catalogue
초보자를 위한
기르고 싶은 열대어 도감

상점 수조에서 헤엄치고 있는 다채로운 물고기들.
그중에서도 가장 많이 볼 수 있는 물고기와
초보자들도 키우기 쉬운 물고기를 모아 보았다.
꼼꼼하게 살펴보면서 기르고 싶은 물고기를 골라보자.

카라신과

예부터 잘 알려진 어류다. 중남미와 열대 아프리카에 서식한다. 네온 테트라 같은 소형종부터 피라냐 같은 대형종까지 종류가 매우 다양하다. 특히 테트라라고 불리는 소형 카라신은 색채와 형태가 다양해서 인기가 많고, 가격도 부담스럽지 않은 편이다.

카디날 테트라 (Cardinal tetra)
Paracheirodon axelrodi

분포 | 네그루강
몸길이 | 4㎝
수질 | 약산성
사육 난이도 | ★★☆☆☆
번식 난이도 | ★★★★★

파란색과 빨간색의 선명한 몸색깔을 가진 물고기로, 떼를 지어 헤엄치는 모습이 매우 아름답다. 네온 테트라와 닮았지만, 몸의 아래쪽 절반이 모두 붉게 물들어 있다는 점이 다르다.

카라신과

네온 테트라 (Neon tetra)
Paracheirodon innesi

분포 | 아마존강
몸길이 | 3cm
수질 | 약산성~중성
사육 난이도 | ★☆☆☆☆
번식 난이도 | ★★★★☆

예부터 잘 알려진 열대어의 대표종이다. 튼튼하고 가격도 저렴한데다 생김새까지 아름다워서 초보자에게 추천하기 좋은 종이다. 단, 암수 구분과 번식이 조금 어려운 편이다.

글로라이트 테트라 (Glowlight tetra)
Hemigrammus erythrozonus

분포 | 기아나(남아메리카 동북부 해안 지역)
몸길이 | 3cm
수질 | 약산성
사육 난이도 | ★☆☆☆☆
번식 난이도 | ★★★☆☆

작고 날렵한 몸에 오렌지색 줄무늬가 쭉 뻗어 있어 매우 아름다운 소형종이다. 튼튼하고 기르기 쉬워서 초보자에게 적합하다. 약산성 연수에서 기르면 더욱 아름다워진다.

헤드앤테일라이트 테트라 (Head and tail light tetra)
Hemigrammus ocellifer

분포 | 기아나, 아마존강
몸길이 | 4cm
수질 | 약산성
사육 난이도 | ★☆☆☆☆
번식 난이도 | ★★☆☆☆

몸높이가 높고, 머리(눈) 부분과 꼬리지느러미가 시작되는 부분이 빛나는 테트라. 성격이 온화해서 기르기도 쉽다. 성어의 경우에 몸 상태가 좋을 때 더욱 반짝거린다.

카라신과

러미노즈 테트라 (Rummy nose tetra)
Hemigrammus bleheri

분포 | 아마존강
몸길이 | 5㎝
수질 | 약산성
사육 난이도 | ★★☆☆☆
번식 난이도 | ★★★☆☆

잘 기르면 머리 부분의 붉은색이 놀랄 정도로 선명해지며, 꼬리지느러미의 흰색과 검은 무늬도 뚜렷해진다. 성격도 차분하고, 수십 마리를 함께 기르면 떼를 지어 헤엄친다.

실버팁 테트라 (Silvertip tetra)
Hasemania nana

분포 | 브라질 남동부
몸길이 | 4㎝
수질 | 약산성
사육 난이도 | ★☆☆☆☆
번식 난이도 | ★★☆☆☆

하세마니아라고도 부른다. 몸 전체가 오렌지색으로 물들어 있으며, 지느러미 끝마다 흰 점이 있다. 떼를 지어 헤엄치면 무늬가 더욱 아름다워 보인다.

블랙팬텀 테트라 (Black phantom tetra)
Hyphessobrycon megalopterus

분포 | 브라질
몸길이 | 4㎝
수질 | 약산성
사육 난이도 | ★★☆☆☆
번식 난이도 | ★★★★☆

세련된 블랙 컬러가 수초수조와 잘 어울린다. 동남아시아에서 양식된 개체가 많이 수입되며, 기르기 쉬운 편이다. 온화한 성격으로 여러 마리를 함께 기르면 떼를 지어 다닌다.

카라신과

프리스텔라 (Pristella)
Pristella maxillaris

분포 | 브라질
몸길이 | 5cm
수질 | 약산성
사육 난이도 | ★☆☆☆☆
번식 난이도 | ★★☆☆☆

프리스텔라 리들레이라고도 한다. 등지느러미와 뒷지느러미에 하양·검정·노랑 3색 점이 있고, 꼬리지느러미는 오렌지색을 띤다. 저렴하고 구하기 쉬운 어종으로 떼를 지어 헤엄치는 모습이 아름답다.

펭귄 테트라 (Penguin tetra)
Thayeria boehlkei

분포 | 아마존강
몸길이 | 5cm
수질 | 약산성
사육 난이도 | ★☆☆☆☆
번식 난이도 | ★★★☆☆

머리를 비스듬하게 들고 그 자리에서 헤엄치는 독특한 스타일 그리고 흰색과 검은색을 띤 몸 때문에 생긴 이름이다. 산타마리아라고도 한다. 겁이 조금 많은 편이므로 수초를 많이 심는 것이 좋다.

스리라인 펜슬피시 (Three line pencilfish)
Nannostomus trifasciatus

분포 | 아마존강
몸길이 | 5cm
수질 | 약산성
사육 난이도 | ★★☆☆☆
번식 난이도 | ★★★★☆

3개의 검은 줄무늬 그리고 각 지느러미에 있는 붉은색 점이 아름다운 물고기다. 펜슬피시는 수초에 달라붙은 실모양 해초를 먹어주는 고마운 존재다.

카라신과

마블드 해체트피시 (Marbled hatchetfish)
Carnegiella strigata

- **분포** | 기아나
- **몸길이** | 5cm
- **수질** | 약산성
- **사육 난이도** | ★★★☆☆
- **번식 난이도** | ★★★★★

도끼처럼 생긴 몸이 특징인 해체트. 이 종은 몸에 검은 마블무늬가 있다. 수면 위로 뛰어오를 수 있으므로 수조에 덮개를 씌우는 것을 잊지 말자.

빨간배 피라냐 (Red bellied piranha)
Pygocentrus nattereri

- **분포** | 아마존강
- **몸길이** | 25cm
- **수질** | 약산성
- **사육 난이도** | ★☆☆☆☆
- **번식 난이도** | ★★★☆☆

육식을 하는 대형 카라신으로 알려진 피라냐 중에서 가장 유명한 종류다. 다른 물고기 없이 단독사육을 하는 것이 기본이다. 이빨이 날카로우므로 주의한다. 먹이로는 작은 물고기나 인공사료를 준다.

콩고 테트라 (Congo tetra)
Phenacogrammus interruptus

- **분포** | 콩고강
- **몸길이** | 10cm
- **수질** | 약산성~중성
- **사육 난이도** | ★★☆☆☆
- **번식 난이도** | ★★★☆☆

몸 전체가 무지갯빛으로 빛나는 아프리칸 카라신의 대표종이다. 지느러미는 계통에 따라 자라는 모양이 다르다. 기르기 쉬운 편으로, 오래 기를수록 매력이 점점 커진다.

잉어과

잉어과 물고기는 소형 카라신과 함께 초보자용으로 인기를 끌고 있다. 동남아시아를 중심으로 분포하며, 그중에서도 라스보라 종류가 특히 인기가 많다. 몸색깔이 아름다운 소형 물고기가 많아 수집가치가 높다. 온화한 성격으로 떼를 지어 다닌다. 초식성이 아니기 때문에 수초로 꾸민 수조에 넣기 좋다. 아름다운 풍경의 주역으로 잘 어울리는 물고기다.

제브라 다니오 (Zebra Dario)
Danio rerio

- **분포** | 인도
- **몸길이** | 4cm
- **수질** | 약산성~중성
- **사육 난이도** | ★☆☆☆☆
- **번식 난이도** | ★☆☆☆☆

제브라피시라고도 하며, 파란 바탕에 황금색 줄무늬가 있다. 활발하게 움직이는 성격으로 떼를 지어 헤엄치는 모습이 멋지다. 열대어로 기르는 물고기 중에서 가장 오래된 어종의 하나다.

펄 다니오 (Pearl danio)
Danio albolineatus

- **분포** | 태국, 인도, 말레이시아
- **몸길이** | 4cm
- **수질** | 약산성~중성
- **사육 난이도** | ★☆☆☆☆
- **번식 난이도** | ★★☆☆☆

섬세한 아름다움이 매력으로 예부터 널리 사랑받아왔다. 튼튼하고 기르기 쉬우며, 개체마다 몸색깔이 다른 것이 특징이다. 수십 마리가 떼를 지어 헤엄치는 모습이 아름답다.

라스보라 헤테로모르파 (Rasbora heteromorpha)
Trigonostigma heteromorpha

- **분포** | 태국, 말레이시아
- **몸길이** | 3.5cm
- **수질** | 약산성
- **사육 난이도** | ★★☆☆☆
- **번식 난이도** | ★★★★☆

라스보라라고 하면 이 종을 가리킬 만큼 유명하며, 할리퀸 라스보라라고도 한다. 몸의 삼각형무늬가 특징으로, 기르기 쉬운 입문용 어종이다. 약산성 물에 키우면 색깔이 더욱 아름다워진다.

잉어과

라스보라 악셀로디 블루 (Rasbora axelrodi blue)
Sundadanio axelrodi

분포 | 인도네시아
몸길이 | 2cm
수질 | 약산성
사육 난이도 | ★★★★☆
번식 난이도 | ★★★★★

반짝이는 메탈블루의 아름다움이 눈길을 끄는 소형 라스보라. 수질을 약산성으로 유지하고, 수초를 많이 심은 환경에서 기르는 것이 좋다.

레드라인 라스보라 (Red line rasbora)
Rasbora pauciperforata

분포 | 인도네시아, 말레이시아
몸길이 | 5cm
수질 | 약산성
사육 난이도 | ★★★☆☆
번식 난이도 | ★★★★☆

날렵한 몸에 빨간 줄무늬가 있어서 수초 수조에 잘 어울린다. 수조에 유목을 많이 넣고 약산성 연수에서 기르면 아름다움이 한층 돋보인다.

블랙라인 라스보라 (Black line rasbora)
Rasbora borapetensis

분포 | 태국, 말레이시아
몸길이 | 5cm
수질 | 약산성
사육 난이도 | ★☆☆☆☆
번식 난이도 | ★★★☆☆

튼튼하고 기르기 쉬운 아름다운 물고기. 얼핏 평범해 보일 수 있지만, 상태가 좋은 개체는 검은색과 금색 줄무늬가 뚜렷하며, 꼬리지느러미의 붉은색 점이 매우 짙다.

잉어과

시저테일 라스보라 (Scissortail rasbora)
Rasbora trilineata

분포 | 인도네시아, 말레이시아
몸길이 | 5cm
수질 | 약산성
사육 난이도 | ★☆☆☆☆
번식 난이도 | ★★★☆☆

꼬리지느러미의 흑백무늬가 자연스러운 아름다움을 보여준다. 수질에 예민하지 않으므로 초보자에게 적당하다. 비슷한 체형의 라스보라를 모아서 같이 헤엄치게 해도 좋다.

백운산 (White cloud mountain minnow)
Tanichthys albonubes

분포 | 중국 광동성
몸길이 | 4cm
수질 | 약산성~중성
사육 난이도 | ★☆☆☆☆
번식 난이도 | ★☆☆☆☆

중국 남부가 원산지인 대중적 어종이다. 열대어보다는 온대어에 가까우므로 저온에 강하고 튼튼하다. 저렴한 어종이지만, 성숙해질 때까지 정성껏 돌보면 더욱 아름다워진다.

시아미즈 알지이터 (Siamese algae eater, SAE)
Crossocheilus siamensis

분포 | 인도네시아, 말레이시아
몸길이 | 10cm
수질 | 약산성
사육 난이도 | ★☆☆☆☆
번식 난이도 | ★★★★★

몸에 검은 줄무늬가 있는 저서성(바다 밑바닥을 기어 다니는 특성) 물고기로, 수조에 낀 이끼를 잘 먹는다. 어린 물고기는 온화한 편이지만, 성장하면 성격이 거칠어져 다른 물고기를 쫓아다니기도 한다.

잉어과

수마트라 바브 (Sumatra barb)
Puntius tetrazona

분포 | 수마트라, 보루네오
몸길이 | 6cm
수질 | 약산성
사육 난이도 | ★☆☆☆☆
번식 난이도 | ★★☆☆☆

수마트라섬과 보루네오섬이 산지로 타이거 바브라고도 한다. 몸의 줄무늬가 특징으로 예부터 잘 알려진 종이다. 성격은 거친 편이지만 어종만 잘 선택하면 다른 물고기들과 함께 기를 수 있다.

체리 바브 (Cherry barb)
Puntius titteya

분포 | 스리랑카
몸길이 | 5cm
수질 | 약산성
사육 난이도 | ★☆☆☆☆
번식 난이도 | ★★☆☆☆

번식기가 되면 수컷은 붉은색이 짙어지고 줄무늬가 생겨 아름다워진다. 약산성 연수에서 기르면 좋다. 파란색을 띠는 종류도 있다고 알려져 있다.

오데사 바브 (Odessa barb)
Puntius sp.

분포 | 개량품종
몸길이 | 5cm
수질 | 약산성
사육 난이도 | ★★☆☆☆
번식 난이도 | ★★★☆☆

아가미덮개부터 꼬리지느러미까지 붉고, 비늘에 검은 테두리가 있다. 성질이 다소 거친 편이므로 다른 물고기와 함께 둘 때는 주의하는 것이 좋다. 비슷한 체형의 바브 등을 함께 키우면 좋다.

송사리과

구피나 플래티 같은 난태생 송사리과 어종은 암컷의 몸속에서 알을 수정시켜 치어를 낳는다. 알을 따로 부화시킬 필요가 없으므로 번식과정이 비교적 간단하다. 그 덕분에 다양한 개량품종이 시중에 유통되고 있다. 자연계에서 난생 송사리는 건기에 물기가 없는 흙속에서 알상태로 지내다가 비가 오는 우기가 되면 부화한다.

▶ 난태생 송사리

블루그라스 (Blue grass)
Poecilia reticulata var.

분포 | 개량품종
몸길이 | 5cm(수컷), 7cm(암컷)
수질 | 중성~약알칼리성
사육 난이도 | ★★☆☆☆
번식 난이도 | ★☆☆☆☆

파란색 꼬리지느러미에 검은색 반점이 있는 일본산 구피. 1980년대에 만들어져 선풍적인 인기를 끈 품종 가운데 하나다. 빛을 받으면 파란색과 은색이 아름답게 빛난다.

▶ 난태생 송사리

레드그라스 (Red grass)
Poecilia reticulata var.

분포 | 개량품종
몸길이 | 5cm(수컷), 7cm(암컷)
수질 | 중성~약알칼리성
사육 난이도 | ★★☆☆☆
번식 난이도 | ★☆☆☆☆

구피의 대표적인 어종으로, 붉은 바탕에 꼬리지느러미와 등지느러미에 섬세한 무늬가 있다. 레드모자이크 수컷과 그라스 암컷을 교배시켜 만들었다.

▶ 난태생 송사리

저먼옐로턱시도 (German yellow tuxedo)
Poecilia reticulata var.

분포 | 개량품종
몸길이 | 5cm(수컷), 7cm(암컷)
수질 | 중성~약알칼리성
사육 난이도 | ★★☆☆☆
번식 난이도 | ★☆☆☆☆

꼬리지느러미가 한 가지색을 띠는 아름다운 품종이다. 상태가 좋은 개체일수록 꼬리지느러미가 크림색을 띠고 얼룩이 없다. 제1차 유행 시기인 1969년에 독일에서 일본으로 수입되어 확립되었다.

송사리과

▶ 난태생 송사리

킹코브라 (King cobra)
Poecilia reticulata var.

분포 | 개량품종
몸길이 | 5cm(수컷), 7cm(암컷)
수질 | 중성~약알칼리성
사육 난이도 | ★★☆☆☆
번식 난이도 | ★☆☆☆☆

구피의 대표종으로, 황금색 바탕의 꼬리지느러미에 검은색의 가는 무늬가 빽빽하게 들어 있다. 몸에 뱀무늬가 있으며, 좋은 개체일수록 몸 전체가 메탈그린으로 빛난다.

▶ 난태생 송사리

모자이크 (Mosaic guppy)
Poecilia reticulata var.

분포 | 개량품종
몸길이 | 5cm(수컷), 7cm(암컷)
수질 | 중성~약알칼리성
사육 난이도 | ★★☆☆☆
번식 난이도 | ★☆☆☆☆

구피의 기본 계통 가운데 하나로, 꼬리지느러미에 빨간색과 파란색 모자이크무늬가 있다. 동남아시아에서 양식된 외국산 구피로, 일본산 구피보다 저렴한 가격에 구입할 수 있다.

▶ 난태생 송사리

레드 플래티 (Red platy)
Xiphophorus maculatus var.

분포 | 멕시코, 과테말라
몸길이 | 5cm
수질 | 중성~약알칼리성
사육 난이도 | ★★☆☆☆
번식 난이도 | ★★☆☆☆

몸 전체가 붉은색을 띠는 깜찍한 모습의 플래티로, 예부터 잘 알려진 품종이다. 잡식성으로 기르기 쉬우며, 특히 수초 수조에서 기르면 비교적 쉽게 번식시킬 수 있다.

송사리과

▶ 난태생 송사리

레드왜그 플래티 (Red wag platy)
Xiphophorus maculatus var.

분포 ┃ 개량품종
몸길이 ┃ 5cm
수질 ┃ 중성~약알칼리성
사육 난이도 ┃ ★★☆☆☆
번식 난이도 ┃ ★★☆☆☆

모든 지느러미가 검게 물든 개량품종으로, 왜그 타입이라고 부른다. 예부터 많이 유통된 대중적 어종이며 사육과 번식이 비교적 쉬운 편이다.

▶ 난태생 송사리

벌룬몰리 (Ballon molly)
Poecilia velifera var.

분포 ┃ 개량품종
몸길이 ┃ 4cm
수질 ┃ 중성~약알칼리성
사육 난이도 ┃ ★★☆☆☆
번식 난이도 ┃ ★★☆☆☆

세일핀몰리를 품종개량해서 만든 물고기다. 몸이 검은색이나 붉은색 등을 띤다. 성질이 온화해서 다른 물고기와 함께 기르기 좋고 번식도 쉬운 편이다.

▶ 난태생 송사리

라이어테일 블랙몰리 (Lyretail black molly)
Poecilia sphenops var.

분포 ┃ 개량품종
몸길이 ┃ 8cm
수질 ┃ 중성~약알칼리성
사육 난이도 ┃ ★★☆☆☆
번식 난이도 ┃ ★★★☆☆

온몸이 광택 없는 검은색으로 뒤덮인 난태생 송사리. 멕시코에 서식하는 블랙몰리와 세일핀몰리를 교배시켜 지느러미를 길게 늘인 타입이다.

송사리과

▶ 난태생 송사리

네온 소드테일 (Neon swordtail)
Xiphophorus helleri var.

분포 | 개량품종
몸길이 | 6cm
수질 | 중성~약알칼리성
사육 난이도 | ★★☆☆☆
번식 난이도 | ★★☆☆☆

원종인 그린 소드테일에 가까운 색을 띤다. 수질은 중성을 유지하고, 정기적으로 물갈이를 해준다. 소드테일의 개량품종은 플랜티와의 교잡으로 만들어진 경우가 많다.

▶ 난생 송사리

아프리칸 램프아이 (African lampeye)
Aplocheilichthys normani

분포 | 나이지리아, 카메룬 등
몸길이 | 4cm
수질 | 약산성
사육 난이도 | ★★☆☆☆
번식 난이도 | ★★★☆☆

이름처럼 눈 위쪽 절반이 파랗게 빛나는 난생 송사리과 물고기. 성질이 온화하여 다른 소형 어종과 함께 기르거나 수초 수조에 적합하다. 지역마다 변이가 많고, 색채가 풍부한 종류도 발견된다.

▶ 난생 송사리

아피오세미온 스트리아툼
Aphyosemion striatum

분포 | 가봉
몸길이 | 5cm
수질 | 약산성
사육 난이도 | ★★★☆☆
번식 난이도 | ★★★☆☆

규칙적으로 늘어선 빨간색 점이 특징인 아피오세미온. 난생 송사리과에 속하며, 수명이 1년 이상이다. 장기간에 걸쳐 우거진 수초 사이에 매일 여러 개의 알을 낳는다.

시클리드과

중남미와 아프리카를 중심으로 분포한다. 소형 어종부터 대형 어종까지 수조를 아름답게 수놓는 대표 어종들이 다양하게 있다. 시클리드는 특히 알과 치어를 보호하는 번식행동에서 매우 흥미로운 점이 많다. 피부에서 영양분을 분비하여 치어를 키우는 디스커스, 알을 입 안에 키우는 마우스브루더(mouthbrooder) 종류, 암수가 함께 알과 치어를 돌보는 시클리드 등이 있다.

▶ 엔젤피시

엔젤피시 (Angelfish)
Pterophyllum scalare

- 분포 | 아마존강, 기아나
- 몸길이 | 13cm
- 수질 | 약산성
- 사육 난이도 | ★☆☆☆☆
- 번식 난이도 | ★★☆☆☆

열대어의 대명사로 불리는 엔젤피시. 이 스칼라레(scalare) 종은 많은 개량품종의 바탕이 되었다. 약산성 연수에서 기르고, 수온은 25~28℃를 유지한다.

▶ 엔젤피시

골든 엔젤피시 (Golden angelfish)
Pterophyllum scalare var.

- 분포 | 개량품종
- 몸길이 | 15cm
- 수질 | 약산성~중성
- 사육 난이도 | ★★☆☆☆
- 번식 난이도 | ★★☆☆☆

예부터 잘 알려진 대표적인 개량품종의 하나로 머리부터 몸까지 옆면이 오렌지색을 띤다. 발색강화 효과가 있는 인공사료를 먹이면 좋다.

▶ 엔젤피시

블랙 엔젤피시 (Black angelfish)
Pterophyllum scalare var.

- 분포 | 개량품종
- 몸길이 | 15cm
- 수질 | 약산성~중성
- 사육 난이도 | ★★★☆☆
- 번식 난이도 | ★★★☆☆

몸 전체가 검은 엔젤피시로, 예부터 잘 알려진 개량품종이다. 물고기마다 색조 차이가 나므로 되도록 검은색이 짙은 개체를 구입한다. 상태가 좋은 수질에서 관리한다.

시클리드과

▶ 디스커스

로얄그린 디스커스 (Royal green discus)
Symphysodon aequifasciatus

분포 | 아마존강 상류지역
몸길이 | 18㎝
수질 | 약산성
사육 난이도 | ★★★☆☆
번식 난이도 | ★★★★☆

몸 전체에 붉은색 점이 있는 야생 디스커스다. 아마존강 상류지역이나 테페강 주변에서 채집된다. 수질변화에 민감하므로 구입할 때나 물갈이를 할 때 주의한다.

▶ 디스커스

블루 다이아몬드 (Blue diamond)
Symphysodon aequifasciatus var.

분포 | 개량품종
몸길이 | 18㎝
수질 | 약산성
사육 난이도 | ★★★☆☆
번식 난이도 | ★★★★☆

푸른색 계통을 집중적으로 개량하여 만든 품종이다. 몸 표면에 줄무늬가 전혀 나타나지 않고 오직 순수한 푸른색을 띤 개체를 최고로 평가한다.

▶ 기타 남미산 시클리드

미크로게오파구스 라미레지
Mikrogeophagus ramirezi

분포 | 콜롬비아
몸길이 | 6㎝
수질 | 약산성
사육 난이도 | ★☆☆☆☆
번식 난이도 | ★★☆☆☆

램이라는 애칭으로 불리는 드워프 시클리드의 입문종. 동남아시아나 유럽에서 활발하게 양식되며, 지역에 따라 몸색깔이나 체형 차이를 보인다. 사육과 번식이 쉽다.

초보자를 위한 기르고 싶은 열대어 도감 • SECTION 4

시클리드과

▶ 기타 남미산 시클리드

아피스토그라마 아가시지
Apistogramma agassizii

- **분포** | 아마존강
- **몸길이** | 9cm
- **수질** | 약산성
- **사육 난이도** | ★★★☆☆
- **번식 난이도** | ★★★☆☆

아마존강에 분포하는 아피스토그라마의 대표종이다. 꼬리지느러미가 창모양으로 뻗어 있는 것이 특징으로, 지역에 따라 색채변이가 나타난다. 개량종인 슈퍼레드도 인기가 많다.

▶ 기타 남미산 시클리드

혈앵무 (Blood parrot cichlid)
C. citrinellum × C. synspilum

- **분포** | 개량품종
- **몸길이** | 20cm
- **수질** | 약산성~중성
- **사육 난이도** | ★☆☆☆☆
- **번식 난이도** | -

개성적인 표정으로 인기를 끌고 있는 개량품종으로 색이 짙은 개체를 선호한다. 기르기는 쉬운 편이지만, 수컷에게 생식능력이 없기 때문에 번식이 불가능하다.

▶ 기타 남미산 시클리드

오스카 (Oscar)
Astronotus ocellatus

- **분포** | 아마존강, 파라과이강
- **몸길이** | 25cm
- **수질** | 약산성
- **사육 난이도** | ★☆☆☆☆
- **번식 난이도** | ★★★★☆

대표적인 대형 시클리드로 길들이기 쉽다. 유어는 검은 바탕에 흰색 마블무늬가 있으며, 자라면서 서서히 불규칙적인 붉은색 무늬가 생긴다. 다른 대형 어종과 함께 기를 수 있다.

시클리드과

▶ 기타 남미산 시클리드

플라워혼 (Flowerhorn)

분포 | 개량품종
몸길이 | 25㎝
수질 | 약산성~중성
사육 난이도 | ★☆☆☆☆
번식 난이도 | ★★★☆☆

말레이시아에서 여러 어종을 교배하여 개량한 품종이다. 플라밍고 시클리드에서 볼 수 있는 혹과 스리스폿 엔젤피시의 특징인 무수한 검은 점이 있다.

▶ 아프리카산 시클리드

아노마로크로미스 토마시
Anomalochromis thomasi

분포 | 시에라리온, 기니아
몸길이 | 7㎝
수질 | 약산성
사육 난이도 | ★☆☆☆☆
번식 난이도 | ★★☆☆☆

아프리카산 소형 시클리드다. 체형이 둥글고, 성장하면 무지갯빛으로 빛나는 점이 나타난다. 약산성 연수를 좋아하고, 먹이는 무엇이든 잘 먹는다.

▶ 아프리카산 시클리드

펠비카크로미스 풀케르
Pelvicachromis pulcher

분포 | 나이지리아, 카메룬
몸길이 | 10㎝
수질 | 약산성
사육 난이도 | ★☆☆☆☆
번식 난이도 | ★★☆☆☆

아프리카산 소형 시클리드 중에서도 널리 알려진 어종이다. 크리벤시스라고도 한다. 동남아시아 등에서 양식된 개체가 수입된다. 가격이 저렴한 편으로, 번식기를 맞은 수컷의 모습이 특히 아름답다.

시클리드과

▶ 아프리카산 시클리드

스키아에노크로미스 프리에리
Sciaenochromis fryeri

분포 | 말라위호수
몸길이 | 15cm
수질 | 약알칼리성
사육 난이도 | ★★☆☆☆
번식 난이도 | ★★★☆☆

말라위호수에서 발견되는 시클리드로, 예부터 알리라는 이름으로 잘 알려져 있다. 산호모래 등을 여과재로 사용해 수질을 알칼리성으로 유지시킨다. 마우스브루더이다.

▶ 아프리카산 시클리드

아우로노카라 벤슈이
Aulonocara baenschi

분포 | 말라위호수
몸길이 | 15cm
수질 | 약알칼리성
사육 난이도 | ★★☆☆☆
번식 난이도 | ★★★☆☆

옐로피콕이라고도 한다. 번식기 때 나타나는 노란 혼인색이 매력적인 호수 시클리드. 아프리칸 시클리드를 한 수조에서 같이 키울 때 포인트가 된다. 먹이는 무엇이든 잘 먹으며, 기르기도 쉽다.

▶ 아프리카산 시클리드

네오람프롤로구스 브리카르디
Neolamprologus brichardi

분포 | 탕가니카호수
몸길이 | 10cm
수질 | 약알칼리성
사육 난이도 | ★☆☆☆☆
번식 난이도 | ★★☆☆☆

밝은 색채와 꼬리지느러미가 ㄷ자 모양으로 움푹 파인 라이어테일이 특징인 탕가니카호수 시클리드다. 상태가 좋은 암수 한 쌍을 구할 수만 있다면 번식이 비교적 쉬워 산란을 반복한다.

아나바스·스네이크헤드 종류

아나바스와 스네이크헤드 종류의 가장 큰 특징은 아가미덮개 내부에 미로기관(labyrinth)이라는 보조호흡기관이 있다는 점이다. 이 기관으로 공기에서 직접 산소를 흡수할 수 있으므로 물이 고여 있는 연못이나 늪처럼 용존산소가 적은 환경에서도 살 수 있다. 베타 같은 물고기를 작은 유리컵에서 키울 수 있는 것도 모두 이와 같은 이유에서다.

네온블루드워프 구라미 (Neon blue dwarf gourami)
Colisa lalia var.

분포 ｜ 개량품종
몸길이 ｜ 6cm
수질 ｜ 약산성~중성
사육 난이도 ｜ ★★☆☆☆
번식 난이도 ｜ ★★☆☆☆

원종인 드워프 구라미를 개량한 품종으로 블루컬러가 강하다. 코발트 구라미라고도 한다. 예부터 인기가 많은 구라미의 대표종이다. 거품집을 만들어 산란하고, 수컷이 유어를 보호한다.

펄 구라미 (Pearl gourami)
Trichogaster leerii

분포 ｜ 말레이반도, 수마트라, 보루네오
몸길이 ｜ 12cm
수질 ｜ 약산성~중성
사육 난이도 ｜ ★★☆☆☆
번식 난이도 ｜ ★★☆☆☆

온몸에 하얀 점이 흩어져 있는 구라미다. 수컷은 번식기가 되면 붉은색이 더욱 진해지고 아름다워진다. 성격이 비교적 온화하여 다른 물고기와 함께 기르기 쉽다.

골든허니드워프 구라미 (Golden honey dwarf gourami)
Colisa sota var.

분포 ｜ 개량품종
몸길이 ｜ 5cm
수질 ｜ 약산성~중성
사육 난이도 ｜ ★★☆☆☆
번식 난이도 ｜ ★★☆☆☆

드워프 구라미보다 더 작은 개량종이다. 은은한 색상이 아름답다. 사육과 번식은 비교적 쉽다. 발정하면 수컷은 몸이 짙은 오렌지색으로 변한다.

아나바스·스네이크헤드 종류

오셀레이트 스네이크헤드 (Ocellated snakehead)
Channa pleurophthalma

- **분포** | 인도네시아
- **몸길이** | 40cm
- **수질** | 약산성~중성
- **사육 난이도** | ★★★☆☆
- **번식 난이도** | ★★★★★

아가미덮개부터 몸 옆면으로 오렌지색 테두리가 있는 검은색 점이 이어진다. 코발트블루 스네이크라고도 한다. 생먹이를 좋아하며, 소형 어종과는 함께 키울 수 없다.

트래디셔널 베타 (Traditional betta)
Betta splendens var.

- **분포** | 개량품종
- **몸길이** | 7cm
- **수질** | 약산성~중성
- **사육 난이도** | ★☆☆☆☆
- **번식 난이도** | ★☆☆☆☆

샵에서 저렴한 가격에 유통되는 베타다. 쇼베타와 구별하기 위해 트래디셔널 베타라고 부른다. 빨간색과 파란색 등 종류에 따라 다양한 색을 띤다. 유리컵에서 키울 수도 있다.

쇼베타 (Show betta) (레드)
Betta splendens var.

- **분포** | 개량품종
- **몸길이** | 7cm
- **수질** | 약산성~중성
- **사육 난이도** | ★☆☆☆☆
- **번식 난이도** | ★☆☆☆☆

레드의 솔리드컬러를 띠는 쇼베타다. 트래디셔널 베타와의 차이점은 꼬리지느러미가 방사상으로 크게 펼쳐져 있다는 점이다.

메기·미꾸라지 종류

메기과 어종은 전 세계에 널리 분포한다. 길이가 몇 cm에 불과한 소형 어종부터 1m가 넘는 대형 어종까지 종류도 매우 다양하며, 이끼나 남은 먹이를 먹고 사는 종류도 있는 반면 야성적인 포식자도 있다. 성격도 공격적인 종부터 온화한 종까지 그야말로 각양각색이다. 로치(Loach) 같은 미꾸라지 종류는 이끼나 남은 사료를 청소하는 데 효과적이다.

▶ 코리도라스

코리도라스 팔레아투스
Corydoras paleatus

분포 | 아르헨티나, 파라과이
몸길이 | 5cm
수질 | 중성
사육 난이도 | ★☆☆☆☆
번식 난이도 | ★★☆☆☆

양식된 개체가 국내에 풍부하게 수입되고 있는 대중적인 코리도라스다. 몸 표면이 아름다운 메탈블루 컬러를 띤다.

▶ 플레코

임페리얼 제브라플레코 (Imperial zebra pleco)
Hypancistrus zebra

분포 | 싱구강(Xingu river)
몸길이 | 12cm
수질 | 중성
사육 난이도 | ★★★★☆
번식 난이도 | ★★★★★

흰색과 검은색의 대비가 아름다운 소형 플레코다. 플레코 중에서 가장 인기 높은 종의 하나지만, 국내에 수입되는 야생개체는 많지 않다. 암수 짝을 이루면 번식도 크게 어렵지 않다.

▶ 플레코

글라스캣피시 (Glass catfish)
Kryptopterus bicirrhis

분포 | 태국, 말레이시아, 인도네시아
몸길이 | 8cm
수질 | 중성~약알칼리성
사육 난이도 | ★★☆☆☆
번식 난이도 | ★★★★★

뼈와 내장이 비쳐 보이는 메기과 물고기다. 여러 마리를 함께 키우면 떼를 지어 헤엄치므로 수초 수조에도 잘 어울린다. 수조의 중간층에 머무르며 헤엄친다. 백점병에 걸리지 않게 주의한다.

메기·미꾸라지 종류

> 플레코

거꾸로메기 (Blotched upside down catfish)
Synodontis nigriventris

- **분포** | 콩고강
- **몸길이** | 8cm
- **수질** | 중성~약알칼리성
- **사육 난이도** | ★★☆☆☆
- **번식 난이도** | ★★★★★

등지느러미가 아래를 향하도록 거꾸로 누운 자세로 헤엄치는 소형 메기. 시노돈티스속에 속하는 대부분의 물고기는 비슷한 성질이 있다. 야행성이므로 낮에는 유목 밑에서 지낸다.

> 플레코

오토싱클루스 (Otocinclus)
Otocinclus vestitus

- **분포** | 아마존강
- **몸길이** | 4cm
- **수질** | 약산성~중성
- **사육 난이도** | ★★☆☆☆
- **번식 난이도** | ★★★★☆

샵에서 흔히 볼 수 있는 대중적인 어종으로 오토싱이라고도 한다. 수초 잎에 붙어 있는 이끼를 먹어 청소하는 물고기로도 유명하다. 영양이 부족해지지 않도록 먹이를 제때 준다.

> 플레코

쿨리로치 (Kuhli loach)
Pangio kuhlii

- **분포** | 말레이반도
- **몸길이** | 8cm
- **수질** | 약산성
- **사육 난이도** | ★☆☆☆☆
- **번식 난이도** | ★★★★★

미꾸라지의 일종으로 몸에 띠무늬가 있다. 모래에 숨는 성질이 있으므로 쓸리거나 긁혀서 상처가 나지 않게 고운 강모래 등을 바닥재로 사용한다.

레인보피시·복어 종류

레인보피시는 바다에서 기원하여 해수에서 담수로 분포가 확산된 물고기로, 2차담수어라고도 부른다. 체형이나 행동에 바다에서 기원한 흔적이 남아 있어 약알칼리성 경수를 좋아하는 어종이 많다. 복어 종류는 단독 사육이 기본이다. 귀여운 표정과는 반대로 성질이 거친 편이어서 수초나 다른 물고기를 갉아먹을 수 있기 때문이다.

네온드워프 레인보피시 (Neon dwarf rainbowfish)
Melanotaenia praecox

분포 | 뉴기니
몸길이 | 5㎝
수질 | 약알칼리성
사육 난이도 | ★★☆☆☆
번식 난이도 | ★★★☆☆

번식된 개체가 국내에도 수입되고 있는 레인보피시다. 가격이 저렴하고 기르기도 쉬워 매력적이다. 몸은 푸른빛으로 밝게 반짝이고, 지느러미는 빨갛게 물들어 있다.

스포티드 블루아이 (Spotted blue eye)
Pseudomugil gertrudae

분포 | 뉴기니, 오스트레일리아
몸길이 | 3㎝
수질 | 약알칼리성
사육 난이도 | ★★★☆☆
번식 난이도 | ★★★★☆

버터플라이 레인보라고도 부른다. 아름다운 색채와 개성적인 체형이 매력적인 소형 레인보피시다. 비슷한 크기의 온순한 물고기와 함께 키울 수도 있다.

셀레베스 레인보피시 (Celebes rainbowfish)
Marosatherina ladigesi

분포 | 술라웨시섬(셀레베스섬이라고도 한다)
몸길이 | 6㎝
수질 | 중성~약알칼리성
사육 난이도 | ★★☆☆☆
번식 난이도 | ★★★★☆

투명감 있는 몸에 파란색 줄무늬가 하나 있다. 성장하면 등지느러미와 엉덩이지느러미가 길게 자란다. 성격이 온화하여 다른 물고기와도 함께 키울 수 있다. 수초 수조에도 잘 어울린다.

초록복어 (Green spotted puffer)
Tetraodon nigroviridis

분포 | 동남아시아
몸길이 | 6㎝
수질 | 약알칼리성
사육 난이도 | ★★☆☆☆
번식 난이도 | ★★★★★

복어 중에서 가장 인기 있는 종의 하나다. 기수역에 서식하므로 해수의 염분농도의 ¼ 정도에 맞춰 키우면 좋다. 성질이 거친 편이라서 다른 물고기의 지느러미를 갉아먹을 때가 있다.

드워프 퍼펄피시 (Dwarf pufferfish)
Carinotetraodon travancoricus

분포 | 인도, 스리랑카
몸길이 | 4㎝
수질 | 중성
사육 난이도 | ★★☆☆☆
번식 난이도 | ★★★☆☆

인도에 분포하는 소형 복어로 인디언복어라고도 한다. 담수성이어서 초록복어보다 기르기 쉽다. 수조에 생기는 고둥 등을 퇴치하는 데 효과적이다. 공복시에 다른 물고기를 공격할 수 있다.

고대어 종류

생물의 역사를 알려주는 고대어 종류. 대형 어종이 많은데다 수명도 긴 편이어서 끝까지 책임지겠다는 각오가 필요하다. 아시아 아로와나는 CITES(Convention on International Trade in Endangered Species of Wild Flora and Fauna, 멸종위기에 처한 야생 동식물의 국제거래에 관한 조약)에 포함되므로 지금은 양식 개체에 한해서 일정 수량만을 수입하도록 승인하고 있다.

블랙 아로와나 (Black arowana)
Osteoglossum ferreirai

- **분포** | 네그루강
- **몸길이** | 60㎝
- **수질** | 약산성
- **사육 난이도** | ★★★☆☆
- **번식 난이도** | ★★★★★

수면 가까이를 유유히 헤엄친다. 유어일 때는 온몸이 검은빛을 띠다가 성장하면서 점차 색이 없어진다. 대신에 비늘과 지느러미 주위가 파란색과 분홍색을 띠게 되어 관상가치가 높은 성어가 된다.

아시아 아로와나 (Asian arowana) (레드)
Scleropages formosus

- **분포** | 말레이시아, 인도네시아
- **몸길이** | 60㎝
- **수질** | 중성
- **사육 난이도** | ★★☆☆☆
- **번식 난이도** | ★★★★★

아가미덮개나 비늘, 지느러미가 빨갛게 물들어 있다. 개체마다 빨간색의 농도나 면적, 체형 등이 달라서 등급이 나누어진다. 주로 생먹이를 먹는다.

아시아 아로와나 (Asian arowana) (골든)
Scleropages formosus

- **분포** | 말레이시아, 인도네시아
- **몸길이** | 60㎝
- **수질** | 중성
- **사육 난이도** | ★★☆☆☆
- **번식 난이도** | ★★★★★

과배금룡(過背金龍)이라고 부르는 골든 타입. 일반적으로 비늘이 파랗게 빛나는 개체를 선호한다. 몸높이가 높고 머리가 작은 스푼 헤드(spoon head) 타입이 좋은 평가를 받는다.

고대어 종류

폴립테루스 엔드리케리 엔드리케리
Polypterus endlicheri endlicheri

분포 | 수단, 코트디부아르
몸길이 | 60㎝
수질 | 약산성~중성
사육 난이도 | ★☆☆☆☆
번식 난이도 | ★★★★☆

가장 인기 높은 폴립테루스의 한 종으로 엔드리케리라고도 한다. 검은 띠의 모양이나 균형, 색조 등에 따라 등급이 나뉘므로 원하는 개체를 찾는 재미가 있다. 수조 밖으로 튀어나오지 않게 주의한다.

스포티드 가 (Spotted gar)
Lepisosteus oculatus

분포 | 아메리카
몸길이 | 100㎝
수질 | 약산성~중성
사육 난이도 | ★☆☆☆☆
번식 난이도 | ★★★★★

가(Gar) 종류는 가늘고 긴 입과 날카로운 이빨을 가진 어식성 물고기다. 검은색 얼룩무늬가 온몸을 뒤덮고 있어 관상가치가 매우 높다. 몸이 유연하지 않으므로 세로(안길이)가 긴 수조에서 키운다.

빅투스 리버 스팅레이 (Bigtooth river stingray)
Potamotrygon henlei

분포 | 토칸칭스강
몸길이 | 45㎝
수질 | 약산성~중성
사육 난이도 | ★★★★☆
번식 난이도 | ★★★★★

검정 바탕에 하얀 점이 있다. 담수가오리는 수질변화에 약하므로 수조에 넣을 때 물맞댐을 확실하게 한다. 꼬리의 독가시를 주의한다. 먹이는 붉은장구벌레 등이 좋지만, 작은 물고기도 좋아한다.

새우·조개 종류

수조 안에 생기는 이끼를 먹어서 깨끗하게 청소해주는 고마운 존재다. 조연에 불과했던 이들 그룹에서 단숨에 스타가 된 것이 바로 레드비슈림프다. 비슈림프를 개량한 품종으로 빨간색과 흰색이 아름다운 대비를 이룬다. 번식도 비교적 쉬운 편으로 좀 더 아름다운 개체를 찾는 팬이 급격히 늘어났다.

아마노슈림프 (Amano shrimp)
Caridina japonica

분포 | 일본
몸길이 | 5cm
수질 | 중성
사육 난이도 | ★★☆☆☆
번식 난이도 | ★★★☆☆

수초에 생기는 실모양의 조류(藻類)를 먹어주므로 수초 레이아웃 수조에는 매우 고마운 존재다. 튼튼해서 키우기 쉽다. 번식은 해수에서 한다.

비슈림프 (Bee shrimp)
Neocaridina sp.

분포 | 중국, 인도네시아
몸길이 | 2cm
수질 | 약산성~중성
사육 난이도 | ★★☆☆☆
번식 난이도 | ★★☆☆☆

몸길이가 10cm 이상인 물고기와는 함께 키울 수 없다. 수초를 가득 넣은 수조에 10마리 이상 넣으면 자연스럽게 번식해서 늘어나는 경우가 있다. 잡식성으로 이끼도 먹는다.

레드비슈림프 (Red bee shrimp)
Neocardina sp.

분포 | 개량품종
몸길이 | 2cm
수질 | 약산성~중성
사육 난이도 | ★★☆☆☆
번식 난이도 | ★★☆☆☆

선명한 빨간색과 흰색이 아름다운 대비를 이루어 인기가 많은 새우다. 비슈림프의 돌연변이 개체를 일본에서 고정시킨 개량품종으로, 색의 선명함이나 무늬 차이에 따라 등급이 나뉜다.

새우·조개 종류

기수갈고둥
Clithon retropictus

- **분포** | 일본, 중국
- **몸길이** | 2cm
- **수질** | 약알칼리성
- **사육 난이도** | ★☆☆☆☆
- **번식 난이도** | ★★★★☆

하천의 하류지역에 서식한다. 수조의 유리면 등에 붙어 이끼를 청소해주므로 열대어샵에서도 판매하고 있다. 60㎝ 수조에 5마리 정도가 적당하다.

골든 애플스네일 (Golden apple snail)
Pomacea canaliculata

- **분포** | 남미
- **몸길이** | 4cm
- **수질** | 중성
- **사육 난이도** | ★☆☆☆☆
- **번식 난이도** | ★★☆☆☆

선명한 황금색 껍질을 가진 패류다. 조류를 먹지만, 이끼가 없어지면 수초를 먹어버리므로 주의가 필요하다. 단, 수조 안에서 번식해서 늘어날 염려는 없다.

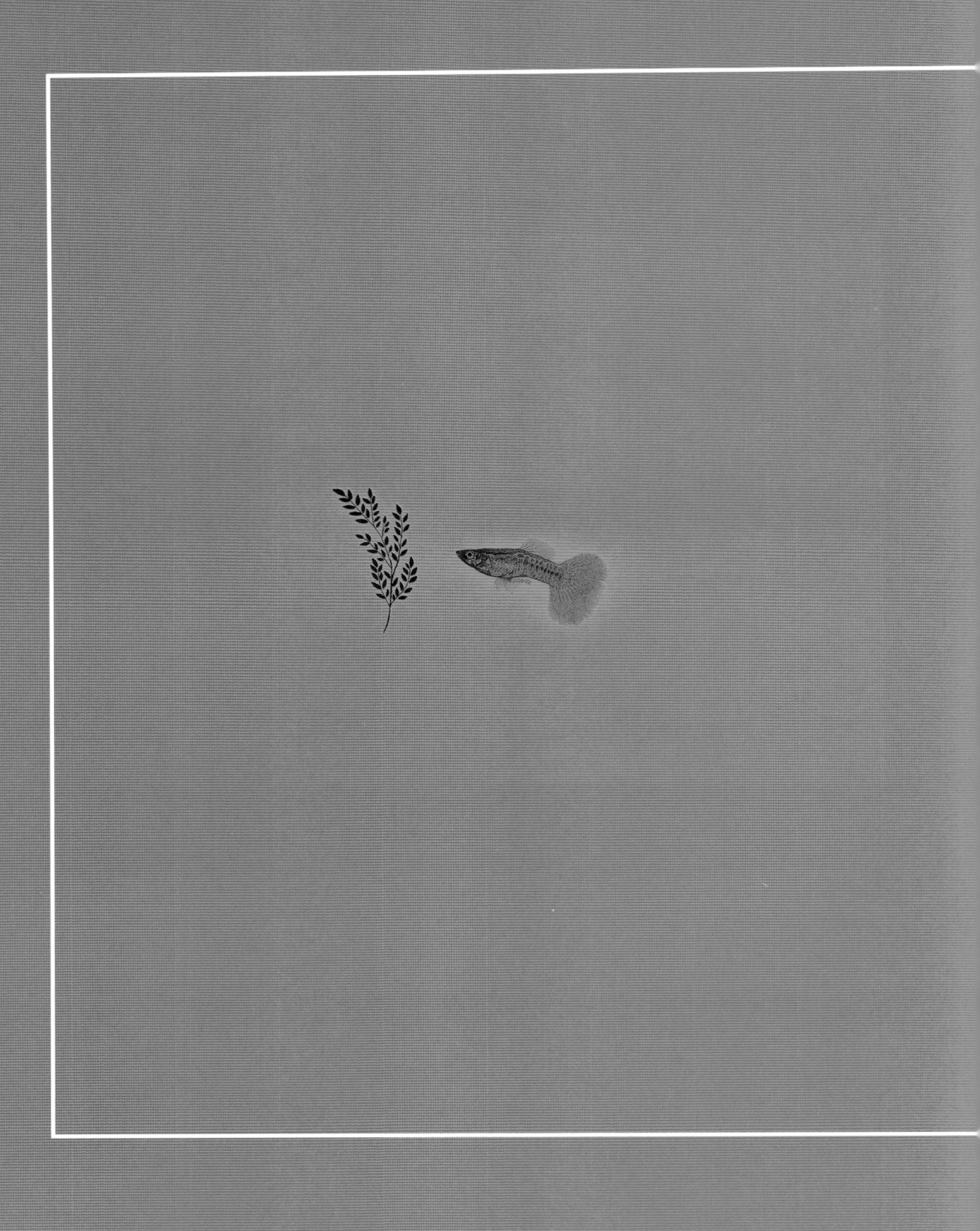

SECTION

AQUATIC PLANTS LAYOUT REFORM
BEFORE AND AFTER

Before

After

SECTION  5

방치된 수초 레이아웃을
텟짱선생이 리폼한다!

수초 레이아웃
Aquatic Plants Layout Reform Before and After

—

설레는 마음으로 수조를 마련했지만, 바쁜 일상에 쫓기다 보니
어느 사이에 정글로 변해버렸다! 하지만 걱정하지 말자.
포인트를 살려 리폼하면 이렇게 근사한 모습으로 바뀐다.

AQUATIC PLANTS LAYOUT REFORM

01

《 Before & After 》

텟짱선생이 방치된 수초수조를 점검한다

수조 리폼 시작

내 손으로 직접 꾸민 수초 레이아웃 수조. 자신이 만든 세계를 감탄하며 바라볼 때도 있었다.

하지만 바쁘게 사느라 손질을 게을리하면서 문제가 생겼다. 오랫동안 방치한 수조는 이제 더 이상 손을 쓸 수 없는 상태가 되고 말았다. 혹시 이 글을 읽는 독자 중에서도 그런 경우가 있지 않을까?

하지만 걱정하지 말자. 어떤 수조든 언젠가 그런 시기가 한번은 찾아오는 법이다. 그때는 차라리 과감하게 수조 레이아웃을「리폼」하면 된다.

우선 수조 상태를 전체적으로 점검하고, 다시 쓸 수 있는 수초와 그렇지 않은 수초를 선별한다. 마른 잎과 줄기를 잘라내면 다시 활용할 수 있는 수초가 분명히 있을 것이다. 어떤 수초가 남아 있는지를 파악하면 나중에 새로운 레이아웃을 구상하는 데도 도움이 된다.

이끼가 심하게 끼어 있거나 한눈에 봐도 약해진 수초는 사용하지 않는 것 역시 중요하다. 새로 구입한 수초는 신선하고 건강하다. 약해진 수초를 이 사이에 섞어 심으면 제대로 자라지 못한다.

POINT ▶ 사용할 수 있는 수초, 사용할 수 없는 수초를 확인한다. 재생 후 이미지를 구상한다

수초 레이아웃 Before and After • SECTION 5

먼저 리폼할 수조를 꼼꼼하게 점검하는 텟짱선생.

방치된 수초 수조의 전체적인 모습. 성장상태가 좋은 수초, 반대로 기운 없는 수초를 잘 관찰해서 선별한다. 수초를 선별하면서 전체 레이아웃을 구상한다.

레드 타이거로터스. 좋은 상태로 잘 자랐다. 이 정도면 리폼 후에도 얼마든지 레이아웃에 사용할 수 있다. 새싹이 났는지 확인하는 것도 좋다.

수조 앞쪽에 심은 글로소스티그마는 드문드문 있는데다 기운이 없다. 후경초인 로탈라 로툰디폴리아도 줄기 아랫부분 잎이 다 떨어졌다.

전경 오른쪽에 있는 아마존 소드플랜트. 잎이 빽빽하게 자라서 말라버린 잎도 있지만, 새싹은 아직 힘이 있다. 마른잎을 떼어내면 충분히 사용할 수 있다.

수조의 우측 중앙, 후경의 유경초. 아래쪽은 잎이 떨어지고 줄기가 막대모양이 되었지만, 위의 새싹을 보니 자라고 있다. 짧게 자르면 아직 사용할 수 있다.

AQUATIC PLANTS LAYOUT REFORM

02

《 Before & After 》

수초, 유목, 물고기 등 필요한 아이템을 새로 구입한다

유목이나 돌을 추가한다

드디어 즐거운 쇼핑을 즐길 시간이다. 수조를 점검한 다음, 새로운 레이아웃을 구체적으로 구상하기 위해 소재를 찾으러 나가자. 요리로 말하자면 식재료를 사러 가는 것과 같다.
머릿속에 있는 막연한 이미지를 바탕으로 샵에서 그 이미지에 어울리는 제품을 찾아보는 것이다. 얼마나 즐거운 작업인지 모른다. 매장에 나란히 진열되어 있는 수초를 바라보면 새로운 아이디어가 떠오를 것이다. 순간적인 아이디어는 레이아웃을 만드는 데 매우 중요한 소재가 되므로 반드시 기억해 두자.

수초를 살 때 포인트는 조금 넉넉하게 사는 것이다. 한 가지 수초라고 해도 한 다발보다는 세 다발이 있는 편이 훨씬 보기 좋다. 특히 유경초가 그렇다. 모아심기하면 풍성한 분위기를 연출할 수 있다.

또 이렇게 수조를 리폼할 때는 반드시 유목이나 바위, 돌 등 레이아웃 소재를 바꿔보자. 이미 사용 중인 소재와 조합해보는 것도 좋은 방법이다. 소재는 레이아웃의 뼈대가 된다. 기존에 있던 유목이나 바위와 조합할 때 되도록 그 「질감」과 비슷한 소재를 선택해야 위화감이 들지 않는다.

마지막으로 물고기를 선택한다. 단, 물고기는 급하게 서두를 필요가 없다. 수조 리폼은 시간이 걸리는 법이다. 차근차근 만들어 수조가 안정된 다음에 물고기를 천천히 골라도 된다.

POINT ▶ 샵에서 판매하는 아이템들을 보고 이미지를 더욱 확장시켜보자

수초 레이아웃 Before and After • SECTION 5

매장에 진열되어 있는 수초를 보면서 이미지를 더욱 확장시켜보자. 디스플레이된 레이아웃 수조를 참고하는 것도 좋은 방법이다.

유목 같은 소재는 되도록 큰 것 하나를 고르는 것이 좋다. 크고 존재감이 있는 유목이나 바위가 하나만 있어도 전체적인 인상이 크게 바뀐다.

새로운 레이아웃의 완성도를 구상하면서 어울릴 만한 물고기를 찾아보자. 소형 어종은 수량도 매우 중요한 포인트가 된다. 직원에게 조언을 구한다.

AQUATIC PLANTS LAYOUT REFORM

03

《 Before & After 》

물고기를 건져내고, 사용할 수 없는 수초와 재사용할 수초를 선별한다

우선 깨끗한 물을 확보한다

이제 진짜 수조 리폼을 시작해보자. 순서를 틀리면 나중에 두 배로 고생하게 되므로 신중하게 작업하자. 우선 물을 ⅕~⅓ 정도로 줄인다. 이 물은 나중에 수조에 다시 넣을 물이므로 따로 잘 보관한다. 절대 버려서는 안 된다.

수조 리폼 실패의 대부분이 바로 이 물을 버리는 데서 비롯된다. 기르고 있던 생물체의 컨디션이 나빠지거나 새로운 물을 지나치게 많이 넣어 백탁현상이 일어나기도 한다. 기르던 물은 반드시 넉넉하게 남겨둔다. 물은 큰 플라스틱통이나 양동이 등에 옮겨 놓는다. 특히 겨울철에 남은 물을 작은 통에 나눠서 보관하면 수온이 너무 떨어져서 다시 사용할 수 없게 되므로 주의한다. 또 나중에 수조에 다시 부어야 할 물이므로 흐려지지 않게 조심한다. 유리면을 청소하거나 수초를 뽑는 작업은 이 물을 확보한 뒤에 한다.

그 다음으로 물고기를 건져낸다. 일일이 쫓아다니지 않고 조심스럽게 다가가 살며시 건져 올린다. 수초가 아직 가득 있으므로 물고기를 모두 건져내기는 쉽지 않다. 그러므로 너무 무리하지 않아도 된다.

다음에는 수초를 뽑는다. 한 줄기씩 조심스럽게 뽑는다. 한번에 여러 줄기를 뽑으면 소일 같은 바닥재가 딸려 올라올 수 있다. 수초 상태를 확인하면서 쓸 수 있는 것과 없는 것을 선별한다.

POINT ➤ 엉망이 된 수초는 과감하게 버린다

수초 레이아웃 Before and After • **SECTION 5**

우선 깨끗한 상태에서 물을 빼내기 시작한다. 물을 많이 빼내서 따로 남겨놓는 것이 수조 리폼 성공의 열쇠다.

따로 보관할 물을 다 빼내고 나면 물고기를 건져낸다. 건져낸 물고기는 수조에서 빼낸 물에서 헤엄치게 한다. 히터와 에어레이션도 잊지 말자.

수초는 조심스럽게 한 줄기씩 뽑는다. 이때 뿌리에 붙은 소일을 가볍게 털어낸다. 상태가 좋은 수초는 뿌리도 잘 뻗어 있다.

이쪽은 쓸 수 없는 수초다. 줄기에 잎이 거의 달려 있지 않다. 잡아당기면 쉽게 꺾인다. 아깝지만 과감히 버릴 줄도 알아야 한다.

수초를 모두 뽑고 보니 다시 사용할 수 있는 수초가 이렇게나 많다. 마른잎을 떼어내면 한층 깔끔해지므로 레이아웃에도 많이 사용할 수 있다.

AQUATIC PLANTS LAYOUT REFORM

04

《 Before & After 》

청소하고 오염물을 제거한 후 흐려진 물을 최대한 빼낸다

수조 청소

수초를 모두 뽑고 나면 물이 많이 흐려져 있을 것이다. 이 물은 버릴 물이므로 상관없다. 이 물을 사용하여 수조 청소를 시작하자.
우선 유리부터 청소한다. 시중에서 판매하는 이끼 제거 용품을 이용해도 좋지만, p.191 사진에서처럼 스크레이퍼를 이용하면 이끼를 구석구석 말끔하게 제거할 수 있어 편리하다. 처음부터 스펀지를 사용하면 금세 더러워진다. 금속날이 붙어 있는 스크레이퍼를 사용할 때는 유리에 흠집이 나지 않도록 주의한다. 유리에 물을 뿌리면서 문지르듯이 밀면 흠집이 잘 생기지 않는다.

그리고 나서는 흐려진 물을 호스로 천천히 빼낸다.
이번 리폼에서는 전경에 장식모래를 깔 예정이므로, 이를 위해 전경의 소일을 조금 줄여야 한다. 따라서 호스를 진공청소기처럼 움직여서 소일을 오염물과 함께 계속 빨아들인다.

물이 줄어들면 미처 건져내지 못한 물고기와 다른 생물체가 나타날 것이다. 모두 건져낸다.
일반 호스로 더 이상 빨아들일 수 없게 되면 이번에는 에어호스를 이용해 흐려진 물을 최대한 빼낸다. 이 과정에서 흐린 물을 남겨두면 나중에 물을 부었을 때 흐려지기 쉽다. 또 여과기도 청소하고, 필요할 경우에는 여과재도 교체한다.

POINT ▶ 소일도 상한 상태다. 깨진 부분을 빼내고, 필요할 경우에는 추가한다

수초 레이아웃 Before and After • SECTION 5

스크레이퍼를 사용하여 이끼를 남김없이 제거한다. 물이 없는 부분은 유리에 흠집이 나기 쉬우므로 반드시 물을 뿌리고 문지른다.

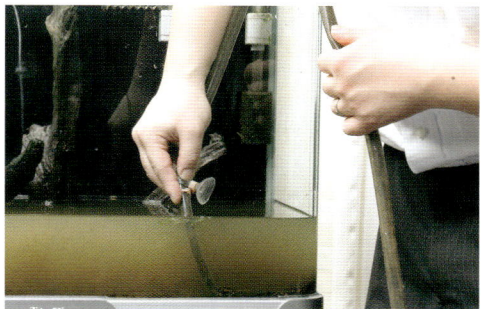

호스로 전경의 소일을 빼낸다. 청소기처럼 빨아들일 수 있다. 깨진 소일도 빨아들인다. 나중에 물이 흐려지는 원인이 될 수 있다.

소일과 탁한 물이 담긴 용기. 생물체까지 빨려 들어가는 경우가 있으므로 주의 깊게 확인한다. 작은 물고기가 남아 있을 수도 있다.

어느 정도 배수가 끝나면 소일을 고르게 편다. 스크레이퍼 등을 사용하면 편리하다. 전경에 장식모래를 사용할 경우에는 원래 깔려 있던 소일을 낮게 만든다.

마지막까지 남은 적은 양의 물도 최대한 빼낸다. 에어호스를 이용하면 물을 대부분 빼낼 수 있다. 시간이 걸리는 작업이지만 꼼꼼하게 하자.

방치 기간이 길수록 여과기 안이 질척거린다. 이때는 여과기 케이스나 파이프 주변도 청소할 필요가 있다. 여과재도 새 것으로 교체한다.

AQUATIC PLANTS LAYOUT REFORM

05

《 Before & After 》

드디어 재설치 시작
먼저 다이나믹한 지형을 만든다

중요한 것은「지형 만들기」

물을 모두 빼내면 드디어 수조를 다시 설치할 차례다. 새로 구입한 유목과 바위 등 다양한 소재를 추가하여 다이나믹한 지형을 만든다. 새 유목도 기존의 것과 질감이 비슷한 것을 골랐기 때문에 조합하여 하나의 큰 유목으로 보이게 할 수도 있다. 바위도 함께 배치한다. 바위가 들어가면 수조 분위기가 확 바뀐다.

배치를 끝내면 전경에 장식모래를 뿌린다. 물에 깨끗이 씻어서 사용하는 것이 좋다. 장식모래는 시각적 효과가 크므로 깔기만 해도 분위기가 크게 달라진다. 최근 들어 수조 레이아웃에 많이 사용된다. 꼭 시도해보자.

새로 산 유목과 바위. 소재가 다양할수록 수조 레이아웃도 다채로워진다.

장식모래는「보텀샌드」를 사용했다. 전경에 약 1.5kg를 뿌렸다. 물에 깨끗이 씻어서 사용한다.

POINT ▶ 안쪽은 높게, 앞쪽은 낮게 쌓고, 유목이나 바위로 흙을 막아 높낮이에 변화를 준다

이번에는 리폼 전에 있었던 유목의 위치를 바꾸지 않고 새로 산 유목 2개를 추가해 조합했다. 후경의 유목으로 높이감을 주고, 전경의 유목은 뿌리처럼 보이게 오른쪽 끝으로 길게 뉘어 놓았다.

바위를 배치하기 시작한다. 큰 바위가 없으므로 전경에서 중경 사이에 놓는 것이 적당하다. 바위에 지층처럼 층이 있는 경우에는 층이 난 방향을 가지런히 맞춰야 위화감이 없다.

바위의 층을 맞추어 배치하였다. 바위를 멋스럽게 배치하기 어렵겠지만 마음에 들 때까지 다양하게 시도해보자. 부자연스럽게 느껴지지 않는다면 성공한 것이다.

장식모래를 뿌린다. 유리면을 따라 뿌려 나가면 된다. 안쪽부터 뿌리면 소일이 앞쪽으로 밀려나서 보기 좋지 않다.

장식모래를 모두 깐 모습. 소일만으로 지형을 만들었을 때와 밝기나 분위기에서 확실한 차이가 있다. 입체감도 더욱 살아난다.

장식모래는 나중에 수조에 물을 다시 부을 때 소일이 탁해지는 것을 막는 덮개 역할도 한다. 리폼 테크닉의 하나다.

AQUATIC PLANTS LAYOUT REFORM

06

《 Before & After 》

손상된 수초를 되살리고 새로 구입한 수초도 다듬는다

수초 손질하기

레이아웃의 뼈대가 되는 「지형 만들기」가 끝났으니 "자 이제 수초를 심어야지"라고 생각할지도 모른다. 하지만 잠시 기다리자. 수초를 심기 전에 반드시 해야 할 일이 있다. 바로 「다듬기」다. 수초를 대충 다듬으면 결코 좋은 레이아웃을 만들 수 없다. 우선 기존에 있던 수초부터 다듬는다. 마른잎이나 줄기, 너무 길게 뻗은 뿌리 등을 잘라내 수초를 되살리는 작업이다. 그리고 새로 구입한 수초 역시 다듬는다. 새로 샀지만 마찬가지로 상처난 수초가 있을 수 있고, 유경초 같은 것은 미리 원하는 길이에 맞춰 잘라두어야 한다. 수조가 완성된 모습을 상상하면서 작업을 시작하자!

POINT ▶ 수초 레이아웃은 사전준비가 중요하다. 대충 하지 말고 꼼꼼하게 손질한다

기존 수초 재생작업

아누비아스 나나는 마르거나 상처난 잎과 길게 자란 뿌리를 잘라낸다. 이것만으로도 충분히 아름다워진다. 원래 있던 수초라고는 상상할 수 없을 정도다. 잘 자란 상태였던 것으로 보인다.

아마존 소드플랜트. 바깥쪽 잎이 오래되어 상했다. 이끼가 너무 많이 꼈거나 흠집이 났거나 누렇게 말라버린 잎은 뿌리 끝부터 잘라낸다. 뿌리도 5~6㎝ 정도만 남기고 잘라내는 것이 좋다.

수초 레이아웃 Before and After • SECTION 5

레드 타이거로터스. 방치된 수조에서 잘 자라는 경우가 많다. 이 포기도 매우 건강하다. 구멍난 잎을 잘라내기만 하면 된다.

시페루스. 이것도 바깥쪽 잎이 많이 상했다. 마른잎을 조심스럽게 벗겨낸다. 안쪽의 새싹까지 상한 경우는 버린다.

위스테리아. 방치된 수조에 있던 유경초는 이처럼 아래쪽 잎이 다 떨어져 줄기만 남은 채 자란 경우가 많다. 새로 심을 곳의 길이에 맞춰 줄기를 자른다.

심을 때 방해되는 잎은 잘라내는 것이 좋다. 잎자루(잎꼭지라고도 한다)를 5mm 정도 남기고 자른다. 그러면 심었을 때 쉽게 뽑히지 않는다.

이것도 위스테리아다. 새싹은 파랗고 생기있게 보인다. 안쪽 잎에는 이끼가 조금 껴 있지만 잘라내면 충분히 쓸 수 있다.

레이넥키. 줄기가 시들고 아랫잎이 많이 상한 상태다. 하지만 꼭대기의 새싹은 상태가 좋은 잎을 펼치고 있다.

레이넥키를 다듬는다. 상하거나 마른 아래쪽 잎은 모두 잘라낸다. 줄기를 적당한 길이보다 1cm 아래에서 잘라낸다. 이렇게 하면 되살릴 수 있다.

새로 산 수초 다듬기

수초를 운반하는 동안 상하지 않도록 포장을 해주는 샵도 있다. 이런 경우에는 포장지를 무리해서 벗기지 말고 가위로 자른다. 항상 수초를 배려하는 마음이 필요하다.

포트째 판매하는 수초도 많다. 포트 아랫부분을 핀셋으로 찔러서 수초를 밀어 올린다. 그러면 수초를 쉽게 꺼낼 수 있다.

에키노도루스 테넬루스. 뿌리를 감싸고 있는 암면을 조심스럽게 벗겨낸다. 핀셋을 사용하여 꼼꼼하게 벗겨낸다.

수초의 암면을 벗기는 데도 시간이 걸린다. 손으로 떼어낼 수 있는 부분은 미리 떼어놓는다. 수초를 상하지 않게 주의한다.

암면과 마른잎을 제거한 에키노도루스 테넬루스. 마지막으로 물에 깨끗이 씻는다. 이런 노력이 아름다운 레이아웃으로 이어진다.

에키노도루스 테넬루스의 마른잎을 손으로 벗겨낸다. 줄기가 작고 가늘어 쉽지 않겠지만 마른잎은 레이아웃의 가장 큰 적이다. 대충 하지 말고 꼼꼼하게 하자.

암브리아. 보통 다발로 묶어서 판매한다. 줄기를 감싸고 있는 흰색 테이프는 벗겨낸다. 그대로 심으면 줄기가 썩을 수도 있다.

암브리아 다발을 풀어서 살펴본다. 갈색으로 변색된 부분은 상한 것이다. 상한 부분은 그보다 2cm 정도 위에서 잘라내면 뿌리를 잘 내린다.

수초 레이아웃 Before and After • **SECTION**

워터코인. 이 수초 역시 상한 아랫잎을 잘라낸다. 레이아웃의 전체 분위기를 해치지 않게 너무 큰 잎은 잘라내는 것이 좋다. 큰 잎은 압박감을 준다.

수초를 다듬을 때는 「수분」이 마르지 않게 하는 것이 중요하다. 수초는 건조해지면 쓸 수 없게 된다. 분무기를 옆에 놓고 수시로 물을 뿌려준다.

「다듬기」가 모두 끝난 모습. 가운데를 기준으로 오른쪽에 놓인 것이 이번에 새로 구입한 수초, 왼쪽에 놓인 것이 기존에 있던 수초다. 기존의 수초도 새것처럼 말끔해졌다. 이제 수초를 심을 차례다.

197

AQUATIC PLANTS LAYOUT REFORM

07

《 Before & After 》

장식모래를 깐 전경이 넓은 공간을 강조한다
여기에 키가 작은 전경용 수초를 심는다

후경→전경 순서로 만든다

드디어 기다리던 수초심기 시간이 찾아왔다. 모든 준비를 끝낸 지금, 마치 예술가가 된 듯한 기분으로 마음껏 수조 세계에 몰두하길 바란다. 우선 후경 수초부터 배치한다. 후경에는 일반적으로 키가 큰 수초를 배치한다. 이 부분에 심을 수초가 결정되면 레이아웃의 전체적인 모습이 보이기 시작한다. 이번 레이아웃에서 중경은 유목과 바위로 구분된 부분보다 안쪽에 해당한다. 여기에는 수초를 좀 더 촘촘하게 심는다.

그리고 마지막으로 전경으로 내려온다. 전경은 장식모래가 깔려 있는 부분이다. 시선이 가장 먼저 닿는 곳이므로 대충 할 수 없는 곳이다. 이제 수조의 완성이 눈앞에 다가왔다.

POINT ▶ 의도적으로 낮은 곳을 만들어 높이에 변화를 준다

먼저 미크로소리움부터 시작한다. 후경에 배치한 유목에는 구멍이 뚫려 있는데, 여기에 미크로소리움 줄기를 꽂아보았다. 수면에 닿을 듯한 배치가 포인트.

이러한 배치는 미크로소리움의 활착하는 성질을 이용한 것이다. 꽂기만 해도 충분히 잘 자란다.

수초 레이아웃 Before and After • **SECTION 5**

사진처럼 철사끈을 이용해 미크로소리움을 유목에 묶어 배치하는 방법도 있다. 눈에 띄지 않게 갈색이나 검은색 끈을 이용하는 것이 좋다.

다른 곳에도 미크로소리움을 배치한다. 작은 포기를 높낮이를 달리해 배치해보았다. 이것만으로도 제법 그럴 듯한 모양이 만들어진다. 튼튼하고 여러 용도로 사용되는 유용한 수초다.

다음으로 아누비아스 나나를 심는다. 녹색이 짙은 수초부터 배치해 나가면 전체적인 윤곽을 잡기 쉽다. 나나는 유목이나 바위틈에 잘 어울리는 수초로 중경에서 매우 중요한 존재다.

아마존 소드플랜트를 심는 모습. 색이 옅은 수초를 짙은 녹색 사이에 끼워 넣듯이 배치한다. 배색의 균형을 아름답게 연출하는 것이 요령이다.

중경까지 수초 배치를 모두 마쳤다. 이제 전경을 꾸미는 일만 남았다. 이제까지 한 작업만으로도 수조의 모습이 매우 아름다워졌다.

AQUATIC PLANTS LAYOUT REFORM

《 Before & After 》

완성! 리폼할 때 주의점과 잘 유지하는 노하우

매일매일의 변화를 즐기자!

전경 레이아웃을 만들 때는 세세한 곳까지 열심히 고민해보자. 전경에 심은 수초 부근에 장식자갈을 뿌리면 또다른 분위기를 만들 수 있다. 수초를 심을 때는 엄청난 집중력이 필요하지만, 대충 하지 않고 꼼꼼하게 작업하면 완성도 높은 레이아웃을 연출할 수 있다. 그동안 쌓였던 스트레스도 아름다운 결과물을 보고 나면 금세 사라질 것이다. 이처럼 전경은 수조 레이아웃의 화룡점정이라고 할 수 있다! 수조를 완성한 후 물이 흐려졌을 때는 2~3일 후에 물을 ⅓ 정도 갈아준다. 레이아웃을 유지하기 위해 주의할 점으로는 「이끼와의 전쟁」을 들 수 있다. 이끼를 예방하는 세 가지 조건을 지켜 수조를 매일 관리한다. ① 규칙적인 조명시간, ② 물고기 먹이는 조금 모자라게 주기, ③ 정기적인 물갈이. 이 세 가지와 함께 매일 수조를 관찰하며 변화를 감지하는 습관을 기르자.

POINT ▶ 정기적으로 리폼하면 즐거움을 계속 누릴 수 있다

코브라그라스를 심는다. 이것도 기존에 있던 수초다. 원래 심었던 장소와 같은 곳에 심었다.

장식자갈을 뿌린다. 전면 유리를 따라 뿌리지 않고 바위나 유목을 따라 뿌리면 색다른 분위기가 난다.

글로소스티그마. 포트째 핀셋으로 조금씩 떼어서 심는다. 맨 앞줄에 배치한다.

수초 레이아웃 Before and After • SECTION 5

글로소스티그마를 심는 모습. 작아서 심기 어려워 보이지만, 사실 장식모래 덕분에 쉽게 심을 수 있다. 소일보다 모래 입자가 더 무겁기 때문이다.

모든 작업이 끝났다. 아무리 많은 레이아웃을 제작해도 조명을 켠 순간의 감동은 그 무엇과도 바꿀 수 없다. 그동안 겪은 고생을 단숨에 날려버린 듯한 텟짱선생의 모습.

리폼 작업을 모두 끝내고 새롭게 완성한 수초 레이아웃 수조. 정기적으로 리폼을 하면 또다른 레이아웃을 즐길 수 있다. 수초 수조를 가꾸면서 가장 큰 즐거움을 누릴 수 있는 순간이다.

SECTION 6

BASIC ITEMS
FOR KEEPING TROPICAL FISHES

제대로 고르면 오래 쓸 수 있는
대표적인 사육용품 카탈로그

수조 〉〉〉 집 안에 수조를 놓을 공간과 예산의 한계가 있지만, 조건이 허락하는 한 가장 좋은 것을 선택해야 나중에 후회가 남지 않는다.

테트라 글라스 아쿠아리움 GA-60
테트라 재팬
어떤 물고기나 수초에도 잘 어울리는 심플한 디자인의 제품이다. 프레임이 없는 스탠다드 유리 수조다. 60×30×36cm. 유리 두께 6mm, 수량 약 60ℓ.

라피레스 RV60
젝스
수조 전면 모서리가 직각이 아닌 부드러운 커브형 유리 수조다. 경계선이 없어서 수조 내부가 잘 보인다. 30.7×61.4×44cm. 수량은 약 56ℓ.

파노라마 600
고토부키공예
세로(안길이)가 깊고 전면 모서리를 45°로 깎아서 파노라마 스타일의 박력 넘치는 경관을 즐길 수 있는 수조다. 60×40×40cm. 수량 85ℓ.

New 스팅레이 NS104
닛소
한 장의 유리를 가공해서 만든 유리 수조. 중후한 느낌을 주는 검정 프레임을 덧댔다. 45×30×32cm. 수량은 약 37ℓ.

대표적인 사육용품 카탈로그 • SECTION 6

열대어 전문점에 처음 가면 낯선 용품들이 가득하다.
그런 초보자들에게 도움이 되는 용품가이드.

※ 게재된 상품의 표시는 2007년 8월 기준이다.

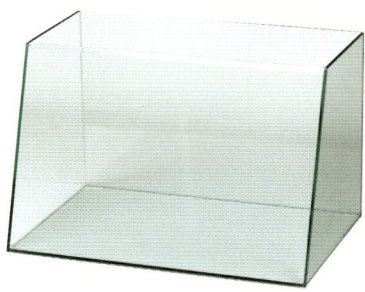

그라디 450
아쿠아 시스템
가로 45×상단 세로 20, 바닥 세로 30×높이 30㎝로, 전면이 뒤로 기울어진 수조. 안쪽까지 잘 들여다보여 다른 시야에서 관찰할 수 있다. 수량은 약 26ℓ.

리글라스 R-300
고토부키공예
모서리가 둥글고 프레임이 없는 유리 수조다. 31×19×26㎝. 유리 두께는 5㎜. 수량은 14ℓ. R-350, R-400, R-450 등도 있다.

로부스토 30
MMC 기획 레드시 사업부
세로로 긴 레이아웃을 즐길 수 있는 30×30×45㎝ 키 큰 수조. 수량에 비해 자리를 많이 차지하지 않는다. 테라리움에도 안성맞춤이다. 유리 두께는 6㎜.

글라시아 큐브 CU-300
플레코
투명감이 뛰어난 유리를 사용한 30×30×30㎝의 큐브수조. 15㎝, 20㎝, 25㎝, 40㎝, 45㎝, 60㎝ 큐브도 있어서 취향에 따라 선택할 수 있다.

제노아 100
젝스
베타 사육 등에 잘 어울리는 10㎝ 큐브형 미니수조다. 여러 개를 나란히 배치해도 예쁘다. 코발트블루, 와인레드, 마블 색상이 있다.

수조 세트

열대어를 기르는 것이 처음이라면 조명이나 필터 등 기본용품이 함께 들어 있는 수조 세트를 구입하는 것도 좋다.

마리나 600 열대어 사육 엑스트라 세트
젝스
60㎝ 수조, 상면여과기, 20W형 형광등, 서모스탯 장착 히터, 수온계 등 9가지 아이템과 2가지 여과재가 한 세트이다. 61.4×30.7×44㎝.

Jr 스팅레이 L 열대어 8점 세트
닛소
상면여과기, 형광등, 히터, 수온계, 사료, 중화제 등이 한 세트이다. 41×25.5×34.5㎝.

글라스가든 R 300 4+2점 세트
수이사쿠
수중모터 타입의 여과기「스페이스 파워 피트」, 심플한 디자인의 조명 등이 한 세트이다. 30×18.5×33㎝. 수량은 13.2ℓ.

크리스탈 큐브 300 5점 세트
고토부키공예
깜찍한 30㎝ 큐브수조에 간편하게 설치할 수 있는 걸이식여과기, 사용하기 쉬운 프리사이즈 조명이 함께 들어 있는 합리적인 가격의 세트. 수량은 25ℓ.

페이스
고토부키공예
「밖에서와 안에서의 두 얼굴」이라는 발상에서 만들어진 인테리어 수조. 실내장식 효과까지 원하는 사람에게 추천한다. 50×28×35㎝.

대표적인 사육용품 카탈로그 • SECTION 6

수조 받침대

수조는 물을 채우면 무거워진다. 따라서 공간박스 위에 올려놓으면 절대로 안 된다. 내하중과 내구성이 뛰어난 수조용 받침대를 사용하자.

아쿠아스탠드(나뭇결무늬)
고토부키공예
사진처럼 세우면 60㎝ 수조를 놓을 수 있고, 거꾸로 세우면 45㎝ 수조 받침대가 되는 편리한 제품이다. 색상은 검은색도 있다.

New 60㎝ 수조용 2단 받침대(강철제 · 블랙)
젝스
사각 파이프로 된 튼튼한 제품으로, 상단과 하단 모두 100kg 까지 지탱할 수 있다. 상단과 하단 사이에 충분한 공간이 있어서 여과기나 조명을 설치한 수조도 놓을 수 있다.

여과기

물속 오염물을 걸러내고, 박테리아를 번식시키는 역할을 하는 중요한 아이템. 수조 사이즈나 기르는 생물에 맞게 선택한다.

걸 이 식 여 과 기

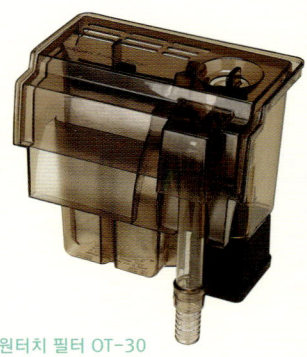

테트라 원터치 필터 OT-30
테트라 재팬
가장 대표적인 걸이식여과기다. 여과재를 교체할 때도 「바이오팩」만 교체하면 된다. OT-45, OT-60도 있다. 수조 사이즈에 맞춰 선택한다.

간단 라쿠라쿠 e필터
젝스
물이 수직으로 떨어지지 않고 부드럽게 떨어지도록 출수구에 루버를 댔다. 여과조와 모터가 일체형으로 설계되어 소음이 많이 발생하지 않는다. 사이즈는 S, M, L이 있다.

외 부 여 과 기

에하임 클래식 필터 2213
에하임
열대어 사육용품 중에서 흔히 볼 수 있는 제품이다. 여과능력이 뛰어나고 소음이 적기로 정평이 나 있다. 여과재 교환이나 청소도 쉽게 할 수 있도록 설계되어 있다.

New 위즈덤 S-20
일본동물약품
본체 안에서 일정한 방향으로 사육수가 흘러 안정적으로 여과된다. 유량을 조절할 수 있는 샤워 파이프와 조인트 밸브가 있어서 초보자도 쉽게 사용할 수 있다.

대표적인 사육용품 카탈로그 • SECTION 6

상면여과기

슬라이드 필터 450(검은색)
닛소
수위에 맞춰 낙하 파이프가 늘어나는 「사일런트 플로트」가 있어서 소음이 적다. 출수구는 바닥 모래가 파이지 않고 물이 넓게 퍼지는 확산엘보(elbow)형이다.

슈퍼터보 450Z 플러스
고토부키공예
표준형 상면여과기. 온도퓨즈가 내장된 무급유식 펌프를 사용한다. 물이 본체를 따라 흐르지 않도록 「물흐름 방지 뚜껑」을 사용했다.

스펀지여과기

나노 스펀지 필터 LS-20
LSS연구소
스펀지는 미세한 다공질 구조. 박테리아 등 수질을 정화하는 생물이 번식하는 면적을 효과적으로 활용할 수 있는 장치다.

테트라 뉴 브릴리언트 필터
테트라 재팬
테트라에서 특별 가공한 스펀지가 박테리아를 번식시키는 동시에 여과까지 확실하게 해준다. 수조 속에서 눈에 잘 띄지 않는 디자인.

저면여과기

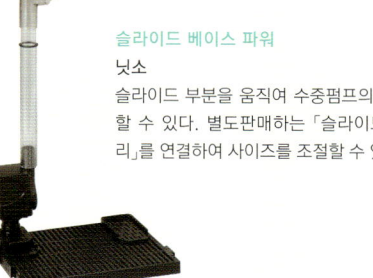

슬라이드 베이스 파워
닛소
슬라이드 부분을 움직여 수중펌프의 위치를 조절할 수 있다. 별도판매하는 「슬라이드 베이스 프리」를 연결하여 사이즈를 조절할 수 있다.

단지여과기

수이사쿠 에이트
수이사쿠
대표적인 단지여과기다. 에어호스와 에어펌프(모두 별매)를 연결한 뒤 전원플러그를 꽂기만 하면 간편하게 사용할 수 있다.

조명

조명은 물고기나 수초에게 태양과 다름없다. 조명은 규칙적으로 켜고 끄자. 수초가 주인공이라면 메탈헬라이드 램프를 설치하는 것도 고려한다.

형광등

스카이라이트 프리
고토부키공예
60W 백열전구의 밝기와 비슷한 인버터 14W 형광램프. 수조 사이즈에 맞춰 29~46cm까지 폭을 자유롭게 조절할 수 있다. 30~45cm 수조용.

컬러라이트 600 · 2등식
닛소
태양광에 가까운 삼파장형 PG램프와 수초 육성에 좋은 PG-2램프가 달린 2등식 램프. 49W. 콘센트에 이물질이 끼거나 물이 묻지 않도록 커버가 있다.

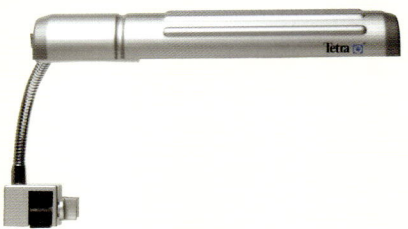

테트라 미니 라이트 ML-5W
테트라 재팬
소형 수조에는 시야를 가리지 않는 작은 조명을 설치하는 것이 좋다. ML-5W는 17~41cm 수조에, ML-13W는 17~51cm 수조에 설치한다.

형광관

리프로 포레스트(20W) · 샤인(20W) · 블레이즈(20W)
마피드
수초의 광합성을 촉진하는 「포레스트」, 적색계열 수초나 빨간색·보라색·파란색 계통 물고기를 위한 「샤인」, 빨간색·파란색 계통 물고기의 색을 선명하게 해주는 「블레이즈」가 있다.

대표적인 사육용품 카탈로그 • SECTION 6

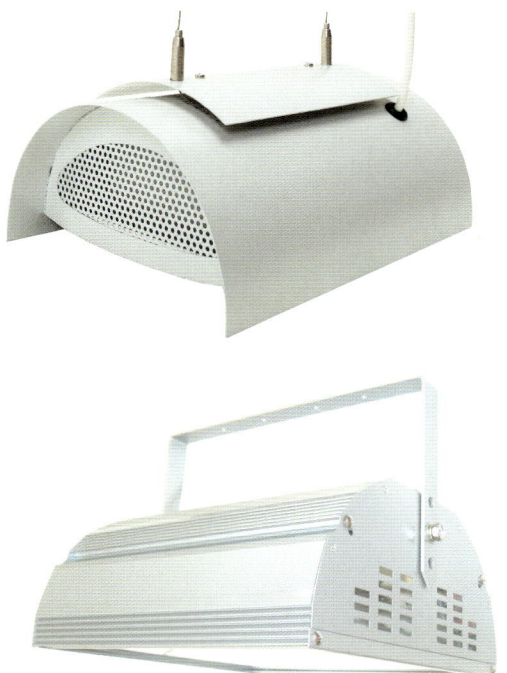

메탈핼라이드 램프

판넬 150W
가미하타

펜던트 타입의 컴팩트한 메탈핼라이드 램프. 효율적으로 자연 방열하기 때문에 본체의 과도한 온도 상승을 방지한다.

아스트로 빔라이트 레프무브 II (수초 사양) 150W
델피스

많은 빛을 효율적으로 쬘 수 있게 설계한 수조용 조명. 수초 성장에 필요한 광량을 충분히 얻을 수 있다. 화이트등 포함.

ON / OFF를 자동관리

프로그램 타이머 NT-301
닛소

설정한 시간이 되면 스위치를 자동으로 ON / OFF 한다. 최소 1분 단위로 정확하게 설정할 수 있다. 깜빡하고 조명을 켜지 않거나 끄지 않는 것을 막을 수 있다.

바닥재

수초를 심는 토양의 역할뿐만 아니라 사육에 적합한 수질관리를 위해서도 바닥재는 필요하다. 시각적인 면을 중시한다면 색상 선택에도 관심을 갖자.

오이소모래(가는 것)
망고인터내셔널
대표적인 담수용 바닥재다. 모래색이 짙고, 조개껍데기 등이 거의 섞이지 않은 품질 좋은 오이소모래다. 매우 가는 것, 중간 것, 굵은 것 등도 있다.

여과자갈(바닥모래 타입)
고토부키공예
토양개량재로 사용되는 원료를 고온에서 구워 가공한 제품이다. 유해물질을 흡착해 수초 뿌리에만 비료로 공급하는 효과가 있다.

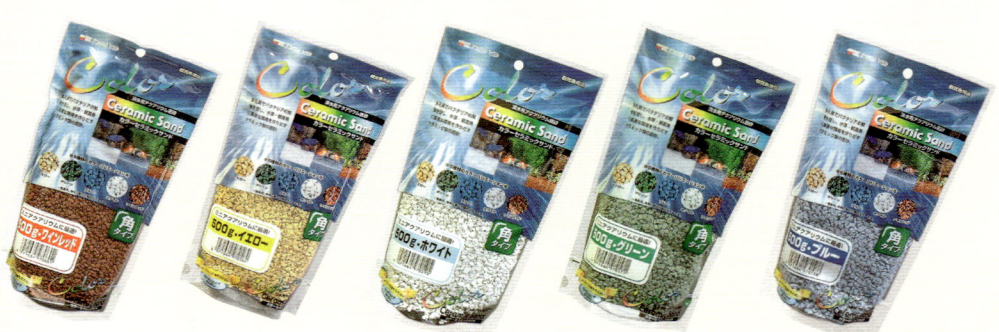

컬러 세라믹 샌드
가미하타
박테리아 번식을 촉진하는 세라믹 바닥재. 노란색, 초록색, 빨간색, 파란색, 흰색 등 다섯 가지 색상이 있다. 색소가 물에 녹을까 걱정할 필요가 없다.

대표적인 사육용품 카탈로그 ● SECTION 6

열대어 안심 샌드
닛소
수조에 하룻밤 동안 담가두면 수질을 안정시키고 장기간 적정 pH를 유지시켜주는 바닥재. 수초 뿌리가 잘 자랄 수 있도록 부드러운 알갱이 형태로 되어 있다.

수초 이치방 샌드
젝스
이름처럼 수초 육성에 뛰어난 효과를 발휘하는 소일 계통 모래다. 물에 떠다니는 탁한 성분이나 유목에 누렇게 낀 것도 모두 흡착한다.

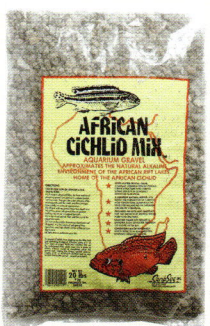

아프리칸 시클리드 믹스
LSS연구소
아프리칸 시클리드 사육에 적합한 바닥재다. pH / KH를 상승시키고 미량원소를 공급한다. 탕가니카 샌드 계열의 시클리드에 적합하다.

슈림프 이치방 샌드
젝스
수질에 민감한 새우의 사육용 바닥재로 개발된 소일이다. 화산회토·일본 흑토를 무균 상태에서 가열처리한 자연 조립(造粒) 제품. 물갈이를 할 때 수질이 급변하는 것을 방지한다.

콘트로 소일(노멀)
마피드
불순물과 물을 흐리는 성분이 적은 소일이다. pH가 지나치게 내려가지 않게 약산성상태로 안정시킨다. 수초나 물고기뿐만 아니라 비슈림프를 기르는 수조에도 적합하다.

여과재·활성탄 흡착재

박테리아를 정착시키거나 오염물을 제거하는 등 눈에 보이지 않는 중요한 작용을 하는 아이템들이다. 잊지 말고 주기적으로 세척하거나 교체한다.

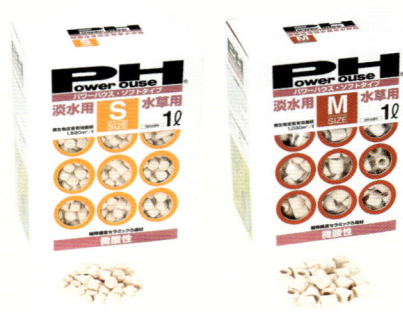

파워하우스(소프트 타입 S·M)
클리온
수많은 여과재 중에서도 신뢰도가 높은 제품. pH 조절능력이 뛰어나고 유효면적이 넓어 박테리아가 안정적으로 증식할 수 있다.

스컷 필터
고토부키공예
각 제조사의 상면여과기에 공통적으로 사용할 수 있는 여과매트. 더러워지면 셀룰로오스 알갱이의 색이 변하고 양이 반으로 줄어들므로 교환시기를 쉽게 알 수 있다.

카본팩 (60㎝ 수조용)
교린
사용하기 쉬운 팩 타입 활성탄이다. 물에 떠다니는 누런 이물질과 냄새를 강력하게 제거한다. 이끼의 발생원인인 인산이 들어 있지 않아 안심하고 사용할 수 있다.

블라스트 (Jr 팩)
델피스
작은 분자를 흡착하는 마이크로 세공과 큰 분자를 흡착하는 매크로 세공으로 구성되어 있다. 약품의 색소나 유목의 잿물, 물의 누런 이물질 등을 흡착한다.

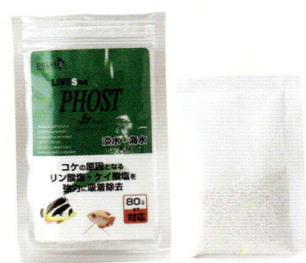

포스트 (Jr 팩)
델피스
이끼의 발생원인인 인산염, 규산염을 흡착·제거한다. 성분이 물에 녹지 않도록 특별가공해서 pH수치를 변동시키지 않는다. 부직포에 들어 있다. 한 봉지로 80ℓ 까지 사용할 수 있다.

대표적인 사육용품 카탈로그 • SECTION 6

에어레이션 수중펌프

수중에 공기를 공급하는 에어레이션. 물고기에게 산소를 공급할 뿐만 아니라 여름철 수온을 낮추는 데도 도움이 된다.

논 노이즈(S-100·S-200)
일본동물약품

사일런트 박스가 내장된 저소음형 에어펌프다. 출수량은 S-100이 약 1.0ℓ/분, S-200이 약 0.5~2.0ℓ/분이다. 시중에서 판매하는 에어호스를 연결해서 사용한다.

에어호스 2m
수도

날씨가 추워져도 잘 굳지 않는 호스다. 사용할 길이에 맞춰 잘라 사용한다. 에어레이션이나 물맞댐 등을 할 때 필요하므로 여러 개를 가지고 있는 것이 좋다.

버블 메이트(S103-I·S103-E)
수도

미세하고 균일한 공기방울을 만드는 에어스톤(콩돌)이다. 에어펌프에 연결된 에어호스 끝에 달아 공기를 내보낸다. 모양과 크기가 다양하다.

세이오 2400
가미하타

출수구가 크고, 수조 안에 자연스럽게 수류를 만드는 펌프다. 플레코를 기르는 수조에 적합하다. 회전 조절장치가 있어 가로 방향이든 세로 방향이든 설치 가능하다.

맥시제트 MP-400
나무코

수류를 만들거나 저면여과기에 연결하는 등 다양하게 사용할 수 있는 수륙양용 펌프. 로터가 잠겨 있어도 과열되지 않아 안심하고 사용할 수 있다.

사료

여기에 소개하는 것은 일부일 뿐, 사료는 매우 다양하다. 처음에는 「모든 열대어용」을 구입한다. 특정 물고기를 주로 키운다면 전용사료가 좋다.

모든 열대어용

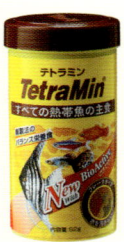

테트라민 플레이크
테트라 재팬
모든 물고기에게 필요한 영양소가 소화흡수하기 좋은 형태로 함유되어 있다. 물고기의 성장과 아름다운 발색을 위해 독자적인 마이크로밀 공정을 거쳐 생산한 플레이크 사료로, 물을 잘 더럽히지 않는다.

히카리 플레이크 열대어용
교린
모든 열대어에게 안심하고 먹일 수 있는 플레이크 사료다. 인공착색료를 사용하지 않아 물의 투명도를 떨어뜨리지 않는다. 편리한 원터치캡을 사용했다.

델 프레시푸드(S·SM·M)
델피스
장까지 도달하는 살아 있는 균을 배합해 만들어 영양흡수력을 높였다. 균이 체외로 배출되어 배설물을 소화하므로 수질악화를 억제하는 효과도 있다.

트로피그로
MMC 기획 레드시 사업부
물고기의 식성을 연구해 만든 사료다. 부상성과 침하성이 모두 뛰어나다. 내용물을 꺼내기 쉬운 디스펜서 타입이다.

브라인 슈림프

브라인슈림프 에그즈
일본동물약품
솔트레이크에서 채집한 브라인슈림프의 내구란이다. 80% 이상의 높은 부화율을 자랑한다. 아미노산 조성이 뛰어난 치어용 먹이.

오션 뉴트리션 브라인슈림프 에그즈
LSS 연구소
솔트레이크산 고품질 브라인슈림프의 알이다. 부화시켜 치어의 먹이로 사용한다. 영양가가 높아 발색에 좋다.

대표적인 사육용품 카탈로그 • SECTION 6

깔따구 유충

히카리 FD비타민 아카무시
교린
동결건조하여 가공한 깔따구유충. 각종 비타민을 첨가해 부족한 영양을 보충했다. 기호성이 뛰어나 먹이로 길들이기에 좋다.

간식

테트라 스낵키
테트라 재팬
바삭바삭한 스낵 타입 간식. 오렌지 추출 성분의 향기와 새우가 들어 있어 물고기들이 매우 좋아한다.

어종전용식

테트라 구피 / 테트라 네온 / 테트라 플레코 / 테트라 코리도라스 / 테트라 디스커스
테트라 재팬
비오틴을 비롯한 각종 비타민이 배합된 제품이다. 각각의 물고기의 가장 적합한 영양소가 들어 있다. 이밖에도 엔젤피시용, 시클리드용 등이 있다.

히카리 크레스트 구피 / 히카리 크레스트 카라신 / 히카리 크레스트 플레코 / 히카리 크레스트 코리도라스 / 히카리 크레스트 디스커스
교린
물고기를 건강하게 해주고, 본연의 아름다움을 찾을 수 있게 돕는 사료다. 이밖에도 메기류나 육식어를 위한 제품이 있다.

비슈림프용

비슈림프 푸드
무네치카 피시 팜
레드비슈림프가 좋아하는 시금치가 들어 있다. 한 알의 크기는 약 1×2.5㎝로 적당히 잘라 준다.

구피용

메디 구피
일본동물약품
구피가 먹기 쉽게 부유성이 뛰어난 미과립제. 영양가가 뛰어난 껍질 벗긴 브라인슈림프 알과 건강에 필요한 오메가3지방산을 배합해 만들었다.

히터

남쪽 나라에서 온 열대어에게 수온 저하는 매우 위험하다. 따뜻한 계절에도 온도가 급격히 떨어지는 날이 있으므로 항상 히터를 켜두어야 안심된다.

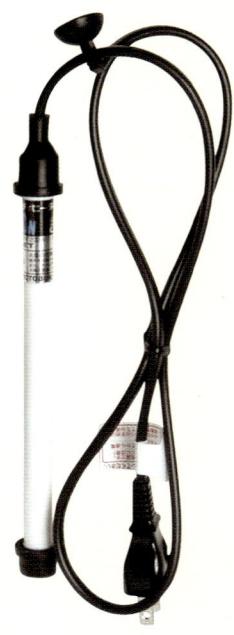

세이프티 히터(150W)
고토부키공예
히터만 있는 타입. W수는 수조 사이즈에 맞춰 선택한다. 지나친 수온 상승을 예방할 수 있도록 반드시 별도판매하는 서모스탯을 연결해서 사용한다.

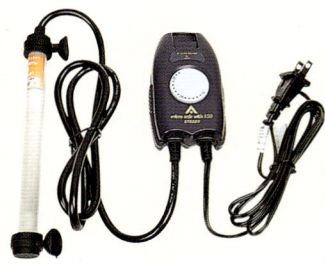

마이크로세이프 위드(100W)
에버리스
서모스탯과 히터가 일체형인 타입. 설정하고 싶은 온도의 숫자에 다이얼을 맞추면 수온이 그 이상 올라가지 않는다.

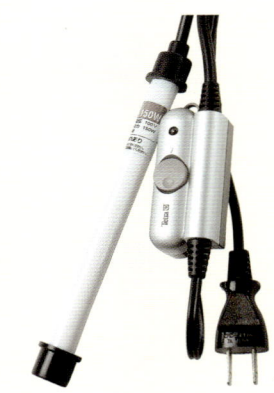

테트라 IC 서모히터(150W)
테트라 재팬
히터 내부에 IC가 내장되어 있어 20~35℃ 범위에서 온도를 조절한다. 서모스탯을 따로 연결할 필요가 없어서 편리하다. 히터의 과열을 방지하는 안전회로도 내장되어 있다.

서모스탯과 커버도 마련하고 싶다면

테트라 IC 서모스탯 300
테트라 재팬
20~35℃ 범위에서 수온을 조절한다(수온을 낮추는 작동은 하지 않는다). 사용 가능한 히터는 50W~300W.

유목형 히터커버 미니
닛소
구멍 뚫린 유목형 히터커버. 생물체가 히터에 닿아 화상을 입지 않도록 보호한다. 닛소에서 생산한 80W 이하 히터에 사용할 수 있다.

대표적인 사육용품 카탈로그 ● SECTION 6

팬

여름철 수온 상승을 막도록 수면에 바람을 일으켜 온도를 낮추는 팬. 온도가 너무 떨어지지 않게 전용 서모스탯을 함께 사용한다.

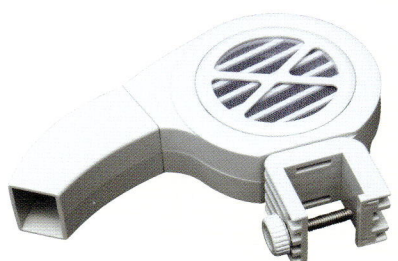

냉각 터보팬
젝스

터보 기구를 탑재한 대표적 신제품이다. 프레임 유무와 상관없이 어느 수조에든 부착할 수 있다. 안전 퓨즈가 내장되어 있다. 저소음 설계이며, 콤팩트형도 있다.

테트라 쿨팬 CF-60
테트라 재팬

작동음을 줄인 저소음 설계형. 30~60㎝ 수조에 사용할 수 있다. 걸이식여과기에 부착할 수도 있다. 17~41㎝ 수조에는 CF-30을 사용한다.

피탓토 팬(S)
닛소

수조 가장자리에 거는 타입의 팬. 각도를 3단계로 조절할 수 있어 수면에 좀 더 가까운 위치에서 바람을 효율적으로 일으킬 수 있다.

지나친 수온 저하를 방지하려면

팬 전용 서모스탯 FE-101
젝스

팬에 연결해서 사용한다. 설정온도까지 수온이 떨어지면 팬이 멈춰 지나친 수온 저하를 막는다. 제어온도 범위는 15~35℃다. 사용 가능한 팬은 100W까지다.

쿨러

팬으로는 식힐 수 없을 정도로 고온이 될 때는 수조용 쿨러를 구입하면 어떨까. 고가이지만 그만큼 확실한 효과를 볼 수 있다.

ZR미니
젠스이

대표적인 「ZR」 시리즈에 새롭게 등장한 미니사이즈 쿨러다. 작지만 60cm 수조에도 충분히 사용 가능하며, 최대 180ℓ 까지 대응할 수 있다. 음이온 발생장치가 부착되어 있다.

GXC-200
젝스

조작이 간단하며, 디지털 표시부가 커서 보기 쉽다. 히터 콘센트가 달려 있다. 160ℓ 까지 대응 가능하다. 100ℓ 이하의 수조에는 GXC-100(57,750¥)을 사용한다.

대표적인 사육용품 카탈로그 • SECTION 6

격리상자 산란상자

물고기는 질병이나 부상, 산란 등의 이유로 잠시 다른 물고기와 떨어져 있어야 할 때가 있다. 이를 대비해 상자를 미리 준비하면 편리하다.

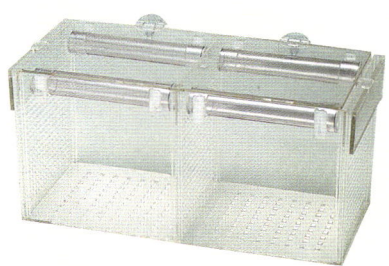

빅 피시 하우스
아주 재팬

뒷면에 부착된 고무흡착판을 이용해 수조 안쪽 벽에 단단히 고정시킬 수 있다. 사이의 칸막이는 뺄 수 있으므로 큰 물고기를 위한 단독 수조로도 사용할 수 있다.

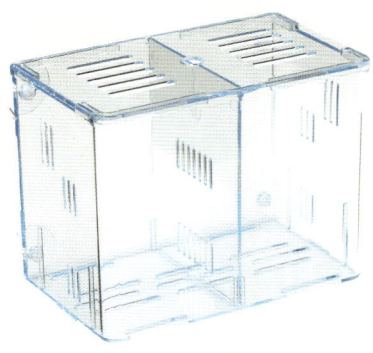

아쿠아 박스
일본동물약품

사이의 칸막이는 뺄 수 있다. 수컷 베타가 서로의 모습을 보고 흥분하는 일이 없도록 검은색 칸막이도 들어 있다.

산란상자 DX(S)
닛소

좁은 틈새 사이로 치어만 떨어지기 때문에 난태생어가 치어를 낳을 때 따로 격리시킬 수 있다. 또 칸막이 부분을 떼어내면 일반적인 격리상자로도 사용할 수 있다.

박테리아

유해물질을 분해해주는 박테리아는 열대어를 기르는 데 매우 중요한 존재다. 박테리아 제제를 사용하면 수조 설치시간을 줄일 수 있다.

슈퍼 바이콤 스타터 키트(담수 전용)
바이콤
남은 먹이나 배설물 등을 분해하는 「21PD」, 그리고 암모니아나 아질산염을 분해하는 「78」로 구성된 스타터 키트. 수조를 처음 준비할 때나 물갈이를 할 때 사용한다.

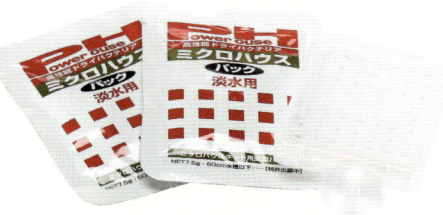

미크로하우스(키트)
클리온
휴면상태의 말린 박테리아와 활성제 등이 들어 있다. 수조나 여과기에 설치하는 것만으로도 훌륭한 사육수가 만들어진다.

니트로 백(담수용)
MMC 기획 레드시 사업부
생물학적 여과를 촉진시키는 다섯 가지 질화박테리아를 혼합한 제품이다. 암모니아나 아질산염을 빠르게 제거하여 수조 설치시간을 단축한다.

대표적인 사육용품 카탈로그 • SECTION 6

약

물고기도 병에 걸릴 때가 있으므로 검증된 치료약은 상비해두는 것이 좋다.
사용하기 전에 용법과 용량을 꼼꼼하게 읽자.

그린 F 골드 (2g × 3)
일본동물약품

백점병, 꼬리썩음병 등을 치료할 때 사용한다. 수량 약 32~40ℓ 당 1g 비율로 녹여 약물목욕시킨다. 2g×2봉, 5g×5봉 제품도 있다.

히코산 Z
긴코물산

백점병, 꼬리썩음병, 물곰팡이병 등에 효과적인 말라카이트그린* 치료제. 수초나 새우 등에도 안심하고 사용할 수 있다. 첨가 후 몇 시간이 지나면 색이 사라진다.

피시 파워
에버그린

백점병, 꼬리썩음병 등의 예방 및 개선에 효과적이다. 약품을 이용해 균이나 해충을 죽이는 것이 아니라 물고기의 자연치유력을 향상시키기 위한 약물이다.

수산 에이스
일본발효사료

수조에 직접 첨가할 수 있고, 수초나 새우가 있어도 사용할 수 있는 말라카이트그린* 수용액이다. 백점병, 꼬리썩음병, 물곰팡이병 등에 효과적이다.

* 1990년 이후 말라카이트그린의 유해성이 알려지면서 한국에서도 식용 어류 양식에 사용이 금지되었다. 하지만 관상용 어류의 곰팡이질환 치료제로는 아직도 일부 사용되고 있다.

수질조정제

수돗물에는 염소 등이 함유되어 있기 때문에 그대로 수조에 넣으면 위험하다. 수돗물을 미리 받아놓을 수 없을 때는 수질조정제를 사용한다.

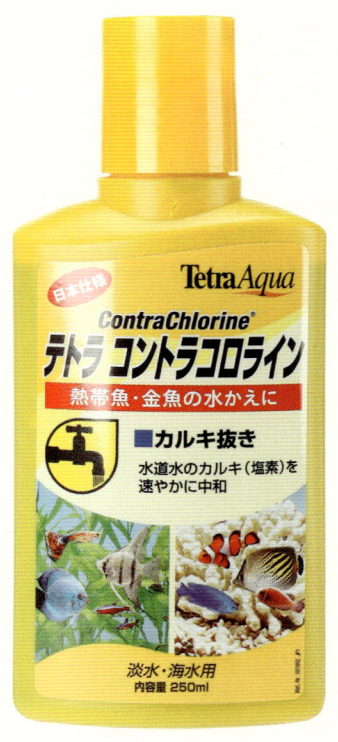

테트라 콘트라클로라인
테트라 재팬
물에 들어 있는 염소를 중화하고, 클로라민을 분해한다. 물갈이를 할 때 반드시 필요한 제품이다. 100㎖, 250㎖, 500㎖, 1,000㎖이 있다.

테트라 아쿠아세이프
테트라 재팬
수돗물에 들어 있는 중금속을 무해하게 만들고, 보호콜로이드가 물고기의 피부와 아가미를 보호한다. 콘트라클로라인과 함께 사용하면 더욱 좋다.

대표적인 사육용품 카탈로그 • SECTION 6

테스터

수조 속 물의 상태를 눈으로는 확인할 수 없다. 암모니아, 아질산염, 질산염 등의 수치를 주기적으로 점검하는 습관이 필요하다.

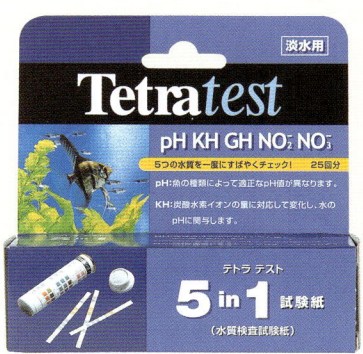

테트라 테스트 5 in 1 검사지
테트라 재팬
pH, KH(Carbonate Hardness, 탄산경도), GH(General Hardness, 일반경도), 아질산염, 질산염 등 수질에 관련된 다섯 가지 항목을 한번에 확인할 수 있는 검사지다. 24회분.

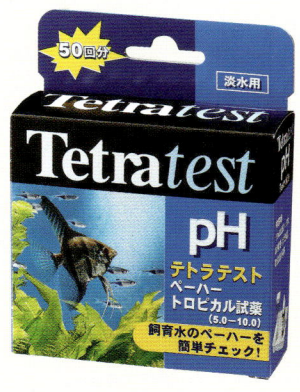

테트라 테스트 pH 트로피컬 시약
테트라 재팬
사육수의 pH수치(물이 산성인지 알칼리성인지를 판단)를 확인할 수 있는 시약이다. 수조의 물을 떠서 시약을 떨어뜨리기만 하면 쉽게 확인할 수 있다. 50회분.

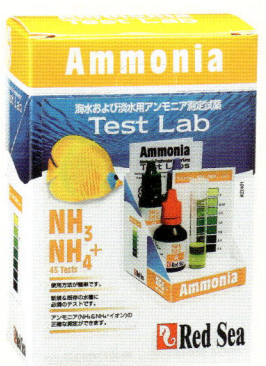

레드시 테스트랩·암모니아
MMC 기획 레드시 사업부
물고기 배설물에서 발생하는 암모니아는 유해물질이다. 특히 수조를 설치한 직후에는 암모니아 수치가 높아지기 쉬우므로 반드시 측정한다.

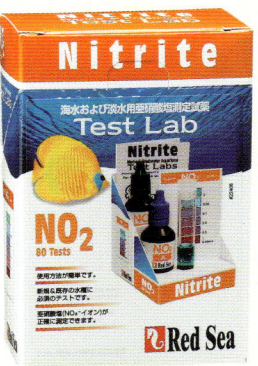

레드시 테스트랩·아질산염
MMC 기획 레드시 사업부
박테리아가 암모니아를 분해하면 아질산염으로 변한다. 암모니아처럼 독성이 강하지는 않지만, 수조를 설치할 때는 특히 아질산염의 증가에도 주의하자.

CO_2 발생기

CO_2는 식물이 자랄 때 반드시 필요한 존재다. 수초 중에도 CO_2를 첨가하면 잘 자라는 종이 있다. 필요용품이 모두 들어 있는 세트상품을 구입하면 편리하다.

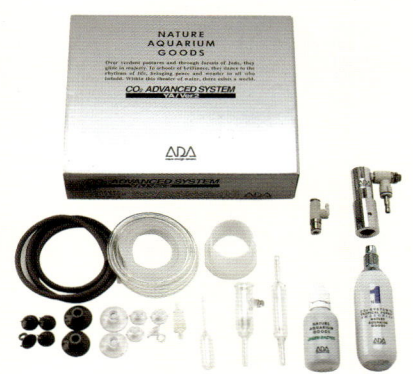

CO_2 어드밴스드 시스템
아쿠아 디자인 아마노(ADA)

폴렌 글라스(Pollen glass, 이산화탄소 확산기), 글라스 카운터, 레귤레이터 등 CO_2 첨가에 필요한 기구가 모두 들어 있다. 고급스러운 디자인 역시 장점이다.

CO_2 풀세트 스마트
AI네트

봄베부터 확산통까지 세트로 구성되어 있다. 디퓨저와 CO_2 카운터가 「버블 카운트 디퓨저」로 합쳐져 있다.

CO_2 프로 시스템(스탠다드 타입)
MMC 기획 레드시 사업부

총 수량 40~500ℓ의 수초수조에 적합한 세트다. 자동첨가에 필요한 컨트롤러 밸브가 장착된 「디럭스 타입」도 있다.

수초 이치방 · CO_2 첨가 시스템 키트 15
젝스

레귤레이터와 카트리지(15g)가 함께 있는 세트상품이다. 콤팩트 수조에 적합한 사이즈다. 레귤레이터는 2년 동안 품질을 보장한다.

비료

수초에는 CO₂ 이외에도 비료를 주는 것이 좋다. 눈에 보일 정도로 쑥쑥 자라면 키우는 보람을 느낄 수 있을 것이다. 비료에는 알갱이 타입과 액체 타입이 있다.

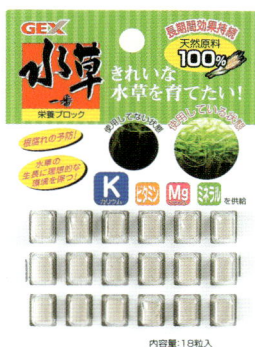

수초 이치방·영양 블록(18개)
젝스

100% 천연원료로 만든 유기영양소가 들어 있다. 화학품을 사용하지 않은 영양제다. 뿌리썩음 방지는 물론, 수조 환경을 안정시키는 역할도 한다. 9개가 들어 있는 제품도 있다.

테트라 크립토
테트라 재팬

수초 뿌리 근처에 묻으면 뿌리에 직접 작용하여 생장을 촉진한다. 즉효성이 있는 정제형 수초영양제다. 한 번 사용하면 약 4주 동안 효과가 지속된다. 10정 포장.

테트라 플로라 프라이드
테트라 재팬

수초 뿌리의 발육과 엽록소 생성을 촉진한다. 각종 미네랄과 수초 생장에 필요한 모든 영양소를 함유하고 있다. 수초수조를 물갈이할 때 넣는다.

플로라 24 / 플로라 그로
MMC 기획 레드시 사업부

소비되는 원소를 빠르게 공급하는 「24」, 그리고 철분과 미네랄이 함유된 「그로」. 두 제품을 함께 사용하면 더욱 좋다. 두 제품 모두 10ml, 50ml 용량이 있다.

청소·관리

청소와 손질을 귀찮아하는 사람일수록 전용제품을 사용해보기 바란다.
청소가 쉬워져서 이끼가 생기길 기다리게 될지도 모른다?!

이끼 제거 스크레이퍼
플렉스

유리에 흠집을 내지 않고 수조에 생긴 이끼나 석회말을 제거할 수 있는 아크릴 소재 스크레이퍼. 바닥모래를 평평하게 고르거나 물에 떠다니는 이물질을 제거할 때도 사용할 수 있다.

프로 스크레이퍼(S)
마피드

움켜쥐기 쉬운 그립형 스크레이퍼. 날 부분은 잘 녹슬지 않는 스테인리스로 되어 있다. 아크릴 수조에는 흠집을 내지 않게 플라스틱날을 끼워 사용한다.

플로트 클리너 R(L)
닛소

두 개의 강력한 자석이 수조 안쪽과 바깥쪽에서 서로 끌어당긴다. 바깥쪽 손잡이를 움직이면 손에 물을 적시지 않고도 청소할 수 있다. 모서리가 둥근 수조도 깨끗하게 닦을 수 있는 라운드형.

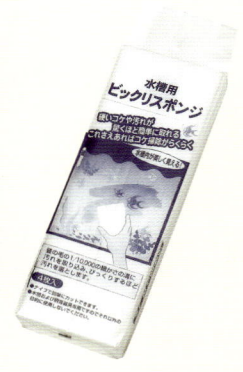

수조용 깜짝 스펀지
마쓰다

벽면을 문지르기만 해도 이끼를 단숨에 제거할 수 있다. 그야말로 「깜짝」 놀랄 만한 스펀지다. 커다란 스펀지 한 개가 들어 있으므로 쓰기 편한 크기로 잘라서 사용하면 된다.

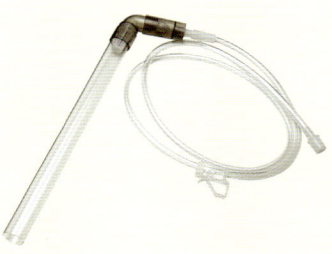

뉴 프로 호스
수이사쿠

물갈이를 할 때 버려야 할 자갈이나 남은 사료만을 골라서 빨아들였다가 배출할 수 있는 호스다. 본체를 몇 번 흔들기만 하면 물이 나오기 시작하므로 사용이 간단하다. 길이가 다른 세 가지 타입이 있다.

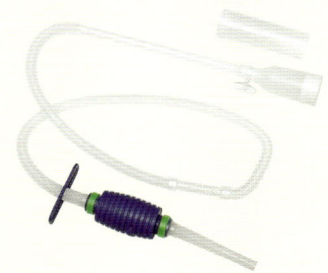

클리너 피시 펌프(DX S사이즈)
가이누마산업

파란색 부분을 몇 번 누르면 물을 뺄 수 있는 편리한 펌프다. 함께 들어 있는 「샌드 노즐 클리너」를 달면 모래 안에 있는 작은 이물질도 빨아들였다가 배출할 수 있다.

대표적인 사육용품 카탈로그 ● SECTION

기타

열대어나 수초를 기를 때 유용한 몇 가지 소품을 소개한다. 일반 가정용품이나 사무용품 등을 함께 사용할 수도 있지만, 수조용 제품을 따로 마련해놓는 것이 편리하다.

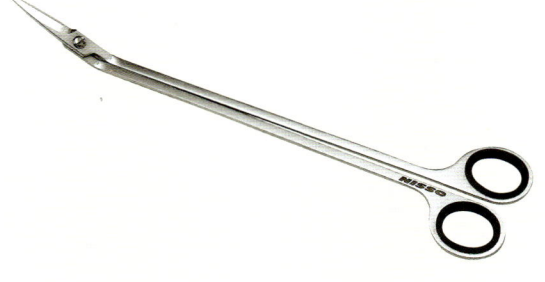

트리밍가위
닛소
가위날 끝이 위로 휘어진 것이 특징이다. 심어놓은 수초를 수조 안에서 자를 때 원하는 곳만 정확하게 자를 수 있어 편리하다.

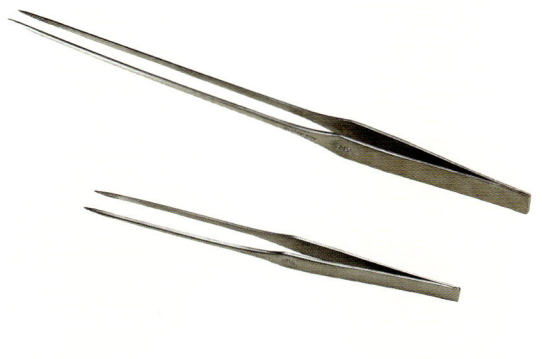

수초용 핀셋
아쿠아 디자인 아마노(ADA)
핀셋치고는 비싼 편이지만, 한번 사용해보면 뛰어난 사용감에 놀라게 될 것이다. 길이가 다른 제품이 몇 가지 있지만, 초보자는 짧은 핀셋을 사용하는 것이 편하다. S사이즈, L사이즈가 있다.

피펫
수도
물고기에게 브라인슈림프나 액체사료 등을 줄 때 사용하면 편리한 대형 스포이트. 약을 계량하거나 줄 때에도 유용하게 쓸 수 있다.

기타

모래삽
수이사쿠
모래를 퍼내거나 고를 때 편리한 삽이다. 구멍이 촘촘하게 뚫려 있어서 모래만 건져낼 수 있다.

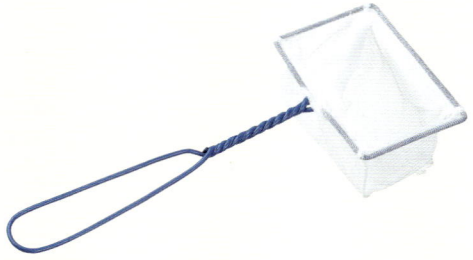

손그물
닛소
물고기나 쓰레기를 건질 때 사용하는 그물이다. 사이즈는 S, M, L이 있다. 그물망이 촘촘한 것과 성긴 것이 모두 있으면 편리하다.

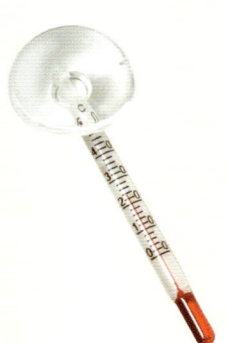

슬림 수온계
수도
수조 안쪽에 설치해 바깥쪽에서 수온을 확인할 수 있는 대표적 수온계. 레이아웃을 방해하지 않는 작은 수온계로 S사이즈, L사이즈가 있다.

멀티 수온계
일본동물약품
디지털 수온계. 본체는 수조 밖에, 센서는 수조 안에 넣고 사용한다. 수조 안 온도와 수조 밖(실내) 온도, 최고온도나 최저온도도 알 수 있다.

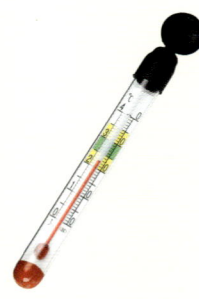

수온계
닛소
열대어 사육에 적합한 온도 범위(25~30℃)가 한눈에 알기 쉽게 녹색으로 표시되어 있다. 수조 안쪽에 설치하는 온도계다.

대표적인 사육용품 카탈로그 • SECTION 6

열대어 & 수조 용품 제조사 (일본)

AI네트 http://www.ainet-co.jp/
LSS연구소 http://www.e-lss.jp/
MMC 기획 레드시 사업부 http://www.mmcplanning.com/
가미하타 http://www.kamihata.co.jp/
가이누마산업 http://www.kainuma-sangyo.co.jp/
고토부키공예 http://www.kotobuki-kogei.co.jp/
교린 http://www.kyorin-net.co.jp/
긴코물산 http://homepage3.nifty.com/kinkoubsn/
나푸코 http://napqo.jp/
닛소 http://www.nisso-int.co.jp/
델피스 http://www.delphis.co.jp/
마쓰다 http://meritmatsuda.com/
마피드 http://www.marfied.com/
바이콤 http://www.bicom.co.jp/

수도 http://www.sudo.jp/
수이사쿠 http://www.suisaku.com/
아주 재팬 http://azoo-jp.com/
아쿠아 디자인 아마노(ADA) http://www.adana.co.jp/
아쿠아 시스템 http://www.aqua-system.net/
에하임 재팬 http://www.eheim.jp/
일본동물약품 http://www.jpd-nd.com
일본발효사료 http://www.n-hakko.com/
젝스 http://www.gex-fp.co.jp/
젠스이 http://www.zensui.co.jp/
클리온 http://www.clion.co.jp/
테트라 재팬 http://spectrumbrands.jp/aqua/
플레코 http://www.pleco.jp/
플렉스 http://www.flex-web.com/

열대어 전문쇼핑몰 (국내)

A2BE http://www.a2be.net/
고피쉬 http://www.gofish.kr/
그린피쉬 http://www.greenfish.co.kr/
라라아쿠아 http://www.raraaqua.co.kr/
럭키트로피칼 http://www.pleco.co.kr/
메가피시 http://www.megafish.co.kr/
비지떡 http://www.bizidduk.com/
상아쿠아 http://www.sangaqua.co.kr/mall/index.php
세진수족관 http://www.seijin.co.kr/

수아쿠아 http://suaqua.co.kr/
아쿠아리움의 숲 http://www.aquarim.co.kr/
에이엠펫 http://www.ampet.co.kr/
청담아쿠아 http://www.damaqua.com/
트로피시 http://www.trofish.net/
피쉬앤닷컴 http://www.fishand.co.kr/
피쉬프라이스넷 http://www.fishprice.net/
하비월드 http://www.hobbyworld7.com/
한강수족관 http://www.haqua.co.kr/

열대어 기본용어

이 책을 읽을 때, 열대어샵에 갈 때,
다른 사람과 정보를 교환할 때에도,
알아두면 도움이 되는 열대어 사육 기본용어.

CO_2 첨가
CO_2, 즉 이산화탄소는 수초의 생장을 촉진한다. 따라서 수초 레이아웃 수조의 경우에는 전용기구를 사용하여 CO_2를 물에 공급하기도 한다.

pH(페하)
산성인지 알칼리성인지를 나타내는 수치다. 범위는 1.0~14.0이며, 중성은 7.0을 나타낸다. 숫자가 작을수록 산성에 가깝고, 약산성은 pH6.0 ~ 6.8 정도를 가리킨다.

ㄱ

걸이식여과기
여과조가 수조 밖에 위치하도록 수조 가장자리에 거는 여과기. 수중펌프로 물을 끌어올린다. 소형 수조부터 60㎝ 수조까지 사용할 수 있다.

격리상자
공격성이 강하거나 반대로 공격당하기 쉬운 물고기 등을 수조 안에서 격리시키는 소형 상자.

경수
칼슘이나 마그네슘 등 미네랄이 풍부하게 함유된 수질을 가리킨다. 열대어 중에서는 아프리칸 시클리드 등 일부 제한된 어종에만 적합하다. 바닥재로 산호모래를 사용하면 경수가 된다. ⇔ 연수

고대어
관상어 중에서 진화적 관점으로 볼 때 먼 옛날의 모습을 그대로 유지해온 종을 통틀어 가리키는 말이다. 대형 육식어가 많다.

고무흡착판
수조 안쪽 유리면에 수온계, 히터 전선, 여과기 파이프 등을 고정시키기 위해 사용하는 흡착판을 가리킨다.

과립형 사료
과립형 인공사료. 알갱이가 큰 것과 작은 것이 있으며, 크기에 따라 물에 가라앉는 속도가 다르다. ⇔ 플레이크형 사료

구라미
동남아시아의 늪 등에 서식하는 아나바스과에 속하는 물고기다. 2개의 수염처럼 길게 뻗은 가슴지느러미 그리고 산소가 적은 물에서도 살 수 있는 것이 특징이다. 대량양식되고 있으며, 개량품종도 있다.

구피
열대어의 대표적인 종류 가운데 하나다. 원산지는 중미지만, 오랜 세월 동안 인공개량이 이루어져 크고 화려한 꼬리지느러미가 있는 다양한 품종이 있다. 난태생 물고기다.

규격수조
부재를 낭비하지 않고 활용할 수 있어 저렴한 가격으로 생산 가능한 일반적인 크기의 수조. 30㎝ 규격, 90㎝ 규격 등 몇 가지가 사이즈가 있지만, 가장 많이 쓰이는 것은 가로 60×세로 30×높이 36㎝의 60㎝ 규격수조다.

규사
바닥재의 하나로 수질을 중성에서 약알칼리성으로 유지하기 쉽게 도와주므로 구피, 플래티, 소드테일 등을 키울 때 적합하다.

기수어
하구 부근처럼 담수와 해수가 섞이는 곳(기수역)에 서식하는 물고기를 말한다. 초록복어, 팔자복어, 아처피시, 점나비돔 등이 있다.

≫ ㄴ

난태생
구피, 플래티, 소드테일 등의 종류는 알이 치어로 자랄 때까지 암컷이 뱃속에서 키운다. 치어가 된 후에 태어나므로 초보자도 쉽게 번식시킬 수 있다.

냉각팬
여름철에 수조를 식혀주는 전용 소형 선풍기다. 수면에 바람을 일으켜 2~3℃ 정도 수온을 낮출 수 있다. 단, 바람이 세게 불면 물이 증발하므로 물을 자주 보충해줄 필요가 있다.

네온 테트라
예부터 가장 잘 알려져 있는 아마존산 소형 어종의 하나다. 동남아시아에서 활발하게 양식되어 수입된다. 비슷한 종으로 카디날 테트라가 있다.

≫ ㄷ

단지여과기
소형 여과조를 수조 안에 가라앉혀 에어펌프에서 나오는 공기가 떠오르는 힘을 이용해 물을 순환시킨다. 간편하게 사용할 수 있지만 여과능력은 별로 뛰어나지 않다.

담수
염분이 들어 있지 않은 하천이나 늪, 호수의 물. ⇔ 해수

동남아시아
열대산 잉어, 구라미, 베타, 아시아 아로와나의 산지다. 하천, 늪, 호수 등 다양한 환경이 갖추어져 있다. 또 양식 열대어의 최대 생산지 가운데 하나이기도 하다.

디스커스
아마존강이 원산지인 중형 어종. 체형이 원반(disc)처럼 생겨서 이런 이름이 붙었다. 독일, 일본, 동남아시아 등에서 다양한 인공개량품종이 만들어지고 있다. 원종은 기르기 어렵다.

≫ ㄹ

라스보라
잉어과에 속하는 동남아시아산 소형 어종이다. 가격이 저렴한 편이지만, 오랫동안 정성껏 돌보면 아름다운 모습을 보여주는 어종이 많다.

레드비슈림프
예부터 잘 알려진 소형 새우인 비슈림프를 인공개량한 품종으로, 빨간색과 흰색이 줄무늬를 이룬다. 매우 아름답지만 수질 변화에 민감하다.

로제트형 수초
뿌리에서 장미(rose)꽃처럼 방사형으로 줄기나 잎이 달리는 수초. ⇔ 유경초

링여과재
인공적으로 만들어진 여과재의 일종이다. 물에 닿는 면적을 조금이라도 넓히고, 여과 박테리아가 최대한 많이 번식할 수 있도록 작은 고리모양으로 만들어졌다.

≫ ㅁ

마우스브루더
산란한 알을 입 안에서 부화시켜 보호하는 어종. 아프리칸 시클리드 종류가 많다.

먹이
살아 있는 작은 물고기나 곤충 등 육식어를 위한 생먹이, 냉동한 붉은장구벌레 같은 생사료, 그리고 플레이크나 과립 형태로 되어 있는 인공사료가 있다.

멀티탭
콘센트에서 흘러나오는 전원을 분기시킨 전기기구. 각 전원에 스위치가 붙어 있는 타입이 편리하다.

메탈헬라이드 램프
가스 안의 방전 현상을 이용해 빛을 얻는 램프다. W수가 동일하더라도 형광등보다 훨씬 밝다. 해수어를 기를 때, 특히 산호를 기를 때 많이 사용한다. 열대어 사육에서는 수초수조에 사용하는 경우가 있다.

물갈이
수조물을 새로운 물로 갈아주는 일이다. 열대어를 기를 때 반드시 해야 하는 작업으로, 일정량을 정기적으로 갈아주는 것이 좋다.

물갈이용 펌프
수조에 담긴 물을 내기 위해 사용하는 펌프다. 등유 펌프와 동일한 구조로 흡입구를 특별하게 만든 전용제품도 판매되고 있다.

물맞댐
수질이 미묘하게 다른 수조에 물고기를 옮길 때 하는 작업이다. 열대어샵에서 사온 물고기를 집의 수조에 옮길 때 반드시 실시한다.

미로기관
구라미나 베타 종류에 나타나는 보조호흡기관으로, 공기에서 직접 산소를 들이마실 수 있다. 다른 물고기들은 보통 아가미로 물속의 산소를 흡수한다.

미생물
박테리아나 동식물 플랑크톤 등 눈에 보이지 않는 작은 생물의 총칭.

ㅂ

바닥재
수조 바닥에 까는 모래나 자갈의 총칭. 열대어를 기를 때는 소일, 오이소모래, 자갈 등을 사용한다.

박테리아
눈에는 보이지 않는 미생물이다. 물을 정화시키는 작용을 하는 질화박테리아 등은 여과박테리아라고 불린다.

박테리아 제제
수질 유지에 필요한 여과박테리아가 포함된 액상 혹은 분말형태 제제. 수조를 설치하거나 물갈이를 할 때 필요하다.

백스크린
수조 뒷면에 붙이는 플라스틱 시트. 파란색, 검은색, 반투명 파란색 등 여러 가지 색상이 있다.

백점병
열대어가 가장 많이 걸리는 병 가운데 하나다. 물고기가 몸을 바닥재에 문지르는 듯한 행동을 보이고, 피부에 작은 흰색 점이 나타난다. 백점병에 걸리면 수온을 30℃ 정도로 높이고 전용치료제를 사용한다.

버블 카운터
수초수조에 CO_2를 첨가하는 양을 측정하는 기구다. 버블 카운터를 사용하면 기포가 호스 안을 1초 동안 몇 방울 통과하는지 눈으로 확인할 수 있다.

번식
기르는 도중에 물고기를 산란(구피 등은 출산)시켜서 수를 늘리는 일. 초보자도 쉽게 번식시킬 수 있는 종도 있는 반면, 이제껏 단 한 번도 번식에 성공한 사례가 없는 종도 있을 만큼 어종에 따라 번식 난이도가 크게 다르다.

베타
동남아시아가 원산지인 소형 어종이다. 수컷끼리 두면 격렬하게 싸우므로 여러 마리를 함께 기를 수 없다. 구라미에 가까운 종으로, 물갈이만 적절하게 해주면 유리컵처럼 물이 적은 환경에서도 키울 수 있다.

브리더
번식전문가. 국내에서도 인터넷동호회를 통해 직접 번식시킨 열대어들을 분양하거나, 개인적으로 품종개량을 시도하는 애호가들을 찾아볼 수 있다.

비료
수초에 영양분을 공급하기 위해 비료가 필요한 경우가 있다. 액상과 고형 제품이 있다.

비중계
해수의 염분 농도를 측정하는 기구로 해수어를 기를 때 사용한다.

ㅅ

사이펀식 오버플로
일반적인 오버플로식 수조처럼 수조 바닥에 구멍을 뚫지 않고 수조 윗부분에 파이프를 연결해 물을 순환시키는 방식이다.

산란상자
산란용 격리상자. 바닥 쪽에 칸막이가 설치되어 있어서 물고기가 낳은 알이 칸막이 틈새를 지나 상자 바닥으로 떨어지게 되어 있다. 난태생 물고기의 번식에 많이 사용된다.

산호모래
산호의 골격이 깨진 것으로, 보통 해수어를 기를 때 바닥재나 여과재로 사용한다. 물을 약알칼리성 경수로 만들므로 열대어 중에서는 아프리칸 시클리드 등 일부 제한된 종을 기를 때만 사용한다.

상면여과기
수조 위에 여과조를 올려놓고, 펌프로 사육수를 끌어올린 다음 여과조를 통해 다시 수조로 떨어뜨리는 방식의 여과장치다. 60㎝ 수조에서 일반적으로 많이 사용하는 여과방식이다.

서모스탯
겨울에 히터로 온도를 올릴 때 물이 지나치게 뜨거워지지 않도록 조절하는 기구다. 히터에 서모스탯이 달린 제품이 많다.

소일
인공적으로 만들어진 바닥재의 일종으로, 수질을 약산성으로 유지시키므로 수초수조에 적합하다.

소형 수조
일반적으로는 60㎝ 규격수조보다 작은 수조를 말하지만, 대개 45㎝ 이하의 수조를 가리킨다.

수상엽
공기 중에 노출되어 자란 수초의 잎. 시중에 판매되는 수초는 대부분 수경재배처럼 잎이나 줄기를 물속이 아닌 공기 중에서 키우는 수상엽이다. ⇔ 수중엽

수온계
수조에 담긴 물의 온도를 측정하는 기구.

수조
열대어를 기를 때 필요한 기본용품이다. 물고기는 임시대피시키는 경우를 제외하고는 늘 수조에서 키워야 한다. 장기간 야외에 방치된 수조는 물이 샐 수 있으므로 사용하면 안 된다.

수조 받침대
수조를 올려놓기 위한 전용 받침대.

수조용 쿨러
여름에 수조의 물을 차갑게 식히는 기구. 보통은 외부여과기에 있는 펌프의 힘을 이용하여 물을 통과시킨다.

수중엽
처음부터 물속에서 기른 수초의 잎. 구입한 수초에 달린 수상엽은 수조 안에서 수중엽으로 바꿔 키운다. 일반적으로 수상엽보다 작고 부드럽다. ⇔ 수상엽

수중 필터
수조 안에 세로방향으로 반듯하게 설치하고, 내장된 수중펌프를 이용해 물을 순환시키는 여과기다. 소형 수조에 적합하다.

수초
물속에서 자라는 관상용 식물이다. 국내외에서 다양한 종이 재배되고 있다. 수초 레이아웃 수조를 만들거나 키우기 어려운 수초를 번식시키는 데 재미를 느끼는 마니아도 있다.

스크레이퍼
수조의 유리면에 달라붙은 이끼를 긁어내는 도구.

시클리드
남미와 아프리카에만 분포하는 종으로, 아피스토그라마 같은 소 어종부터 엔젤피시, 디스커스, 아프리카 시클리드 같은 중·대형 어종까지 다양한 종류가 있다. 알과 치어를 보호하고, 육식성이 강한 것이 특징이다.

›› ㅇ

아로와나
고대어라고 불리는 육식 대형어의 일종이다. 남미, 오스트레일리아, 아시아에 서식한다.

아마존강
열대어 원종의 산지 가운데 하나. 아마존산 물고기로는 네온 테트라나 엔젤피시 등이 있다.

아질산염
먹고 남은 사료나 물고기의 배설물이 박테리아에 의해 분해되는 과정에서 발생하는 물질로, 물고기에게는 약간의 독성을 띤다. 더 분해되면 질산염이라는 독성이 낮은 물질이 된다.

아크릴 수조
아크릴판으로 만든 수조. 강도는 높지만 유리와 달리 자잘한 흠집이 잘 생긴다. 투명도는 높다. 크기나 두께에 따라 차이가 있지만 유리 수조보다 비싼 편이며, 소형 수조로는 많이 쓰이지 않는다.

아피스토그라마
남미산 소형 시클리드종으로 인기가 많다. 몇 가지 원종이 알려져 있지만, 같은 종이라 하더라도 서식지에 따라 모습이 다르

다. 번식에 도전해볼 수도 있다.

암모니아
물고기의 배설물이나 먹고 남은 사료가 수조 안에서 암모니아로 변한다. 암모니아는 물고기에게 유해한 물질이므로 생물학적 여과를 통해 변화시켜야 한다.

약산성 물
수조의 물이 약산성 수질을 나타내는 것. 열대어는 대부분 이러한 수질을 좋아한다. 바닥재나 유목, 수초의 마른잎 등의 영향으로 약산성을 띠게 된다. ⇔ 약알칼리성 물

약알칼리성 물
수조물이 약알칼리성 수질을 나타내는 것. 열대어는 아프리칸 시클리드 등 일부 한정된 종을 제외하고 대부분 약산성의 사육수를 필요로 한다. ⇔ 약산성 물

에어스톤
에어펌프에서 내보낸 공기방울을 작게 나누어 주는 기구로 콩돌이라고도 한다. 에어호스 끝에 연결해서 사용한다.

에어호스
수조 안에 공기를 공급하는 기구.

엔젤피시
예부터 가장 널리 알려진 인기종의 하나로, 인공개량품종이 많이 개발되고 있다. 개량품종은 기르기 쉬운 편이다. 원종은 기르기 어렵고 가격도 고가이지만, 이 또한 인기가 많다.

여과기
여과장치. 수질을 유지하기 위해 반드시 필요한 도구로 다양한 종류가 있다.

여과재
필터의 여과조에 넣어 이물질을 걸러내는 역할을 하며, 여과박테리아의 번식처가 되기도 한다. 주로 매트나 링, 공 모양으로 만들어진다. 천연자갈 등을 사용하는 경우도 있다.

여과조
필터의 여과재를 넣어두는 부분.

연수
칼슘이나 마그네슘 등 미네랄성분이 적은 수질. 대부분의 열대어를 기르기에 적합하다. ⇔ 경수

염소중화제
수질조정제 가운데 하나다. 수돗물에 들어 있는 소독용 염소를 중화시킨다. 액상 제품이 많다.

오버플로식 수조
수조 시스템의 일종. 수조 바닥에 구멍을 뚫고, 파이프를 통해 수조 밑에 설치한 여과조에 사육수를 내려보낸 다음 펌프로 물을 끌어올린다. 조금 복잡한 방식이지만 그만큼 여과능력이 뛰어나다.

오이소모래
일본에서 오래 전부터 사용되어온 바닥재다. 금붕어나 구피 사육에 잘 어울리지만, 수질을 중성에서 약알칼리성으로 만들므로 열대어나 수초수조에는 잘 사용되지 않는다.

온도맞댐
구입한 물고기가 들어 있는 비닐봉지의 수온을 수조의 수온에 맞추는 작업.

온라인 판매
관련기구나 용품은 물론, 심지어 열대어나 수초 같은 생물체도 인터넷에서 구입할 수 있다. 집 근처에 열대어 전문점이 없을 경우에 이용하면 편리하지만, 배송 도중 물고기가 죽는 사고가 발생할 수도 있으므로 미리 사업자에게 대책 등을 확인하는 것이 좋다.

외부여과기
밀폐된 탱크 형태의 여과조를 수조 받침대 아래 등에 설치해 펌프로 사육수를 순환시키는 여과기. 여과능력이 뛰어나다. 수초수조에 적합하다.

윌로모스
수초의 일종으로 이끼와 비슷한 종류다. 유목 등에 활착시킬 수 있으므로 수조 속 분위기를 쉽게 바꿀 수 있어 인기가 많다.

유경초
곧게 뻗은 하나의 줄기에 잎이 달리는 수초를 말한다. 루드위지아, 하이그로필라 등이 여기에 속한다.

유리 수조
유리판으로 만든 가장 일반적인 수조다. 크기와 형태 모두 다양하다. 프레임이 없는 수조는 올글라스 수조라고 한다(국내에서는 누드수조라고 부른다).

유목
수조를 설치할 때 빠질 수 없는 아이템 중 하나다. 시중에 판매되는 제품 중에는 잿물을 빼야 하는 것과 곧바로 사용가능한 것이 있다. 유목은 물을 약산성으로 만드는 작용을 한다.

이끼
수조 유리면에 생기는 이끼나 수초에 달라붙는 조류(藻類) 등 관상을 방해하는 모든 조류를 통틀어 이끼라고 한다.

인공해수
해수를 만들기 위해 필요한 성분이 포함된 소금이다. 열대어의 질병을 치료할 때나 기수어를 기를 때 사용한다.

» ㅈ

저면여과기
바닥재 밑에 설치하는 여과기. 바닥재 자체가 여과재 역할을 하며, 에어펌프나 수중펌프로 물을 끌어올린다. 주로 테라리움수조에 사용된다.

중금속
수돗물에 들어 있는 미량의 동, 아연, 납, 카드뮴 등을 가리킨다. 수질조정제를 이용해 무해하게 만든다.

질소
수조 안에 있는 유해한 암모니아 성분.

질화박테리아
자연계뿐만 아니라 수조 안에도 서식하는 박테리아 무리. 물고기에 유해한 암모니아를 아질산염으로 바꾸는 박테리아와 아질산염을 다시 독성이 적은 질산염으로 바꾸는 박테리아 등이 있다.

카라신
테트라 등의 남미산 소형 어종이 속한 그룹이지만, 피라냐 같은 중·대형 어종도 카라신과에 들어간다. 아프리카에도 중·대형 카라신이 있다.

코리도라스
소형 메기의 한 종류다. 수조 안에 남은 먹이들을 청소한다. 종류가 매우 다양해서 수집대상이 되기도 한다.

콩고강
아프리카 중앙부를 흐르는 큰 강으로 열대어 원산지 가운데 하나다.

큐브 수조
가로, 세로, 높이가 같은 주사위모양 수조로, 소형 유리수조에서 많이 볼 수 있는 형태다.

» ㅌ

테라리움 수조
수심이 얕아 육지 부분이 존재하므로 한 수조 안에서 수중세계와 수상식물의 세계를 동시에 재현할 수 있는 수조.

테스터
암모니아, 아질산염, 질산염의 양이나 pH수치 등 수질을 검사하는 시약이다. 수질변화에 약한 어종을 기를 때는 반드시 필요하다.

» ㅍ

프레임리스 수조
유리판이나 아크릴판을 직접 붙여서 만든 수조. 사면이나 상부에 프레임이 없어서 인테리어 효과가 뛰어나다.

플라스틱 케이스
플라스틱으로 만들어진 사각용기. 물고기를 일시적으로 피난시킬 때나 물을 풀 때 사용하는 경우가 많다. 대, 소 등 다양한 사이즈가 있다.

플라워혼
최근 들어 인기를 끌고 있는 대형 어종이다. 플라밍고 시클리드에 중남미산 대형 시클리드를 섞어 인공개량한 품종으로, 다양한 색채를 띤 종이 만들어지고 있다.

플레어링
주로 수컷 물고기가 다른 수컷을 위협할 때 지느러미와 아가미덮개를 펼치는 행동이다. 특히 베타는 수컷끼리 두면 격렬하게 싸우는데, 그때 이런 행동을 볼 수 있다.

플레이크형 사료
매우 얇은 조각 형태로 만들어진 인공사료다. 장시간 수면 위에 떠 있으므로 수조의 중·상층을 헤엄치는 소형어종에 적합하다. ⇔ 과립형 사료

핀셋
열대어를 기를 때, 특히 주로 수초를 심을 때 전용핀셋을 사용한다.

》 ㅎ

해수어
관상어 업계에서는 열대지방 바다에 사는 관상용 물고기를 가리킨다. 식용 물고기나 찬 바다에 사는 물고기는 포함되지 않는다.

형광등
관상 목적뿐만이 아니라 수초가 자라는 데 반드시 필요한 조명기구다. 특히 형광관 2개를 켤 수 있는 2등식이 밝고 사용하기 편하다. 용도에 따라 다양한 관상어용 형광관이 있다.

활성탄
여과재의 일종이다. 사육수의 누런 성분이나 냄새를 흡수하는데, 몇 달 정도가 지나면 효과가 사라진다.

활착
윌로모스나 미크로소리움 같은 수초를 유목이나 바위에 붙여서 키우는 일. 이러한 수초를 유목에 활착시킨 상태로 판매하는 유목도 있다.

흡착재
활성탄 등 물의 탁한 성분이나 냄새를 흡수하는 제품.

히터
사육수를 가열하는 기구. 히터만 사용할 경우에는 온도가 지나치게 상승하므로 보통 서모스탯과 함께 사용한다. 히터에 서모스탯이 달린 제품도 있다.

옮긴이 황세정

이화여자대학교 식품영양학과를 졸업했으며, 동 대학 통역번역대학원 일본어 번역과 석사를 취득했다. 취미 삼아 시작한 일본어에 푹 빠져 번역가의 길을 선택했다. 번역서 같지 않다는 말을 최고의 칭찬으로 여기며 오늘도 자연스러운 문장을 만들기 위해 힘쓰고 있다. 현재 엔터스코리아 출판기획 및 일본어 전문 번역가로 활동중이다.

주요 역서로 『잼, 콩포트 시럽』, 『일본 카레요리 전문셰프 8인의 도쿄 카레』, 『New 마라톤교본』, 『뛰는 놈 나는 놈 위에 운 좋은 놈 있다』, 『왜 옷을 잘 입는 남자가 일도 잘할까』, 『뇌 스트레스를 없애는 생활법』, 『수면습관이 건강을 좌우한다』, 『페인트 인테리어』, 『DIY소재와 도구백과』, 『만화로 읽는 아들러 심리학1』, 『만화로 읽는 아들러 심리학2』 등이 있다.

NETTAIGYO WO HAJIMERUHON
ⓒ EI Publishing Co., Ltd. 2007
Originally published in Japan in 2007 by EI Publishing Co., Ltd. 2007, TOKYO.
Korean translation rights arranged with EI Publishing Co., Ltd. 2007, TOKYO,
through TOHAN CORPORATION, TOKYO, and Botong Agency, SEOUL.
Korean translation rights ⓒ 2016 by Donghak Publishing Co.,LTD.
이 책의 한국어판 저작권은 Botong Agency를 통한 저작권자와의 독점 계약으로 (주)동학사(그린홈)가 소유합니다.
신 저작권법에 의하여 한국 내에서 보호를 받는 저작물이므로 무단전재와 무단복제를 금합니다.

처음 시작하는 열대어기르기

펴낸이 유재영 | **펴낸곳** 그린홈 | **엮은이** 코랄피시 편집부 | **옮긴이** 황세정
기 획 이화진 | **편 집** 나진이 | **디자인** 정민애

1판 1쇄 2016년 6월 10일
1판 6쇄 2023년 10월 31일
출판등록 1987년 11월 27일 제10-149
주소 04083 서울 마포구 토정로 53 (합정동)
전화 324-6130, 6131
팩스 324-6135

E메일 dhsbook@hanmail.net
홈페이지 www.donghaksa.co.kr
홈페이지 www.green-home.co.kr
페이스북 www.facebook.com / greenhomecook

ISBN 978-89-7190-561-6 13490

• 잘못된 책은 구매처에서 교환하시고, 출판사 교환이 필요할 경우에는
 사유를 적어 도서와 함께 위의 주소로 보내주세요.

Green Home 은 자연과 함께 하는 건강한 삶, 반려동물과의 감성 교류, 내 몸을 위한 치유 등 지친 현대인의 생활에 활력을 주고 마음을 힐링시키는 자연주의 라이프를 추구합니다.